세금안내자 이조사관의

종합소득세
이야기

세금안내자 이조사관의 ————。

종합소득세 이야기

이조사관 지음 | 김진석 세무사 감수

BM 성안북스

처음 출간한 『세무공무원 이조사관의 부동산 세금 이야기』 책에 대해 '세금 책이 쉽게 읽힌다'라는 평가를 들었을 때, 세법에 친근하게 다가갈 수 있도록 하기 위한 나의 마음이 독자들에게 잘 전달된 거 같아 안도가 되었다. 독자에게 세금 관련 도서를 끝까지 읽었다는 성취감을 느끼게 해 주고 싶었고, 나아가 이 경험이 '세금이란 게 생각보다 어렵지 않구나'라고 생각하는 계기가 되기를 바랐다. 부동산 세금을 알아야 하는 건 알지만 어떻게 알아가야 할지 막막했던 이들에게 나의 책이 조금이나마 도움이 될 수 있었던 것에 감사하다.

세무서에서 근무하며 많은 납세자를 만났고, 그들이 세금 신고를 하는 과정에서 어려움을 겪는 모습을 매일 같이 보았다. 이 과정에서 대부분의 납세자는 "세금을 잘 몰라서요. 왜 이렇게 세금 신고하는 게 복잡해요?"라며 불만을 드러냈고, 세무공무원은 "세금 신고는 스스로 하셔야 해요. 세금을 몰랐다고 해서 신고·납부 의무를 이행하지 않은 것은 정당한 사유가 될 수 없어요."라며 서로의 입장 차가 있는 답답한 대화만을 주고받는다. 이런 상황을 지켜보며, 또 서로의 입장 차를 누구보다 잘 알고 있는 입장에서 '어떻게 하면 이 답답한 상황을 풀 수 있을까?', '어떻게 하면 많은 납세자들이 세금에 대해 쉽게 접근할 수 있을까?'를 고민하게 되었다. 그러다 첫 번째 책이 그랬던 것처럼 비록 큰 도움은 아니지만, 세금 신고를 하는 데 작은 도움이라도 주고 싶어 두 번째 책을 집필하게 되었다.

종합소득세(이자·배당·사업·근로·연금·기타)는 스스로 본인의 소득을 계산하여 신고·납부하는 세금이다. 즉 본인이 스스로 신고해야 하는 세금으로, 만약 신고를 하지 않을 경우 무거운 가산세를 부담하게 된다. 그런데 많은 이들이 언제, 무엇을, 어떻게 신고해야 하는지 모르고 있다. 물론 모든 세금에 대해 알 필요는 없지만, 스스로 신고하여야만 하는 종합소득세에 대해서는 반드시 알고 있어야 한다.

우리의 삶 속에서 발생하는 다양한 세금 이야기를 활용하여 종합소득세에 대해 이야기하고 싶었는데, 그 기회를 준 성안북스 김상민 팀장님과 관계자 여러분께 깊이 감사드린다. 그리고 원고를 꼼꼼히 감수해 준 세청세무회계의 김진석 세무사님께도 깊은 감사의 말씀을 전한다. 나의 부족한 지식으로 혹여나 내용 전달이 잘못되지 않을까 걱정되었는데, 김진석 세무사님 덕분에 두 권의 책을 집필할 수 있었다. 마지막으로 사랑하는 가족들, 든든한 남편 주현, 이쁜 딸 민서, 사랑합니다.

일러두기

- 모든 법령 규정을 담고 있지 않습니다.
- 2023년 2월 세법 기준으로 집필되었으며, 반드시 관련 법령과 개정 여부 등을 확인하시기 바랍니다.
- 종합소득세(종소세), 이자소득, 배당소득(금융소득), 금융투자소득세(금투세)

가다아파트 입주민 회의

'관리 사무소에서 안내 말씀드립니다. 금일 오후 8시 경로당에서 우리 아파트의 리모델링 관련 찬반 논의가 진행될 예정이오니 많은 참석 부탁드립니다. 이상 관리 사무소에서 안내 말씀드렸습니다. 감사합니다.'

아파트 안내 방송이 나오고 인터폰이 울린다.

"경비실입니다. 703호 앞으로 등기 우편이 왔는데 댁에 안 계셔서 경비실에서 보관 중입니다."

"아이고, 감사해요. 바로 내려갈게요."

서둘러 나가느라 외투를 챙겨 입지 않았더니 바깥의 찬 공기가 몸을 한껏 움츠리게 만든다. 겨드랑이 사이에 손을 넣고, 부들부들 떨며 경비실로 향했다.

"천천히 내려오셔도 되는데, 춥지 않으세요?"

"겨울 추위가 매섭네요. 여기 우편물 관리 대장에 사인하면 되죠?"

"네. 수령인 확인란에 사인해 주시면 돼요. 그나저나 어르신 앞으로 등기 우편이 많이 오네요?"

"번거롭게 해서 미안해요."

"아닙니다. 그런 말씀 마세요. 번거로워서 말씀드린 게 아니고 보낸 사람에 무슨 조합이라고 적혀 있길래 궁금해서 여쭤본 거예요."

"아, 여긴 주택 재개발 정비 사업을 하는 곳인데, 조합원들에게 우편물을 많이 보내네요."

"그렇군요. 다른 게 아니고 제가 사는 동네에서도 재개발을 추진한다고 해서 여쭙게 됐어요."

"재개발되면 좋죠. 그러면 정비 구역 지정은 된 거예요?"

"아직이요. 안 그래도 지난주에 재개발 주민 설명회가 있어서 다녀왔어요. 거기서 수많은 계획을 말해주는데, 솔직히 잘 모르겠더라구요. 장밋빛 청사진 같기만 해요. 집이 오래되어서 허름하긴 하지만 아내가 마당에 갖가지 채소와 꽃을 심어 텃밭을 일구어 놓고 한평생 살고 있는 집인데, 그런 집을 부수고 아파트를 짓는다고 하니…. 아쉬우면서도 자산 증식의 기회가 될 수 있다는 생각도 들고, 그냥 만감이 교차하더라구요."

"한평생 지낸 터전이니 그럴 수도 있겠네요."

"맞아요. 거기다 자식들은 무조건 아파트가 돼야만 한다고 하는데, 아파트가 되려면 돈이 많이 필요하다고 해서 걱정거리만 늘었어요."

"정말 걱정 많으시겠어요. 아, 그런데 살고 계신 곳의 대지 면적은 얼마나 돼요?"

"글쎄요. 정확한 면적은 확인해 봐야 알겠지만, 집은 작은데 마당은 좀 큰 편이에요. 워낙 아내가 텃밭을 가꾸고 싶어 해서 마당이 넓은 집으로 샀거든요."

"그건 잘 됐네요. 재건축·재개발 사업에서는 대지 면적이 중요하거든요. 지금 상태에선 추가로 들어갈 돈이 얼마인지 알수 없지만, 그렇다고 마냥 불안해하지 않으셨으면 해요. 정비사업이 진행되면서 얼마의 돈이 필요한지 알게 되고, 거기에 맞춰 자금 계획을 세우면 되거든요. 그러다가 도저히 내 자금 상황에서 분담금을 낼 여력이 안 된다면, 그때 매도를 생각해 보세요. 구역 지정이 되고, 정비 사업 진행을 하면서 주택 가격 변동이 생길 테니 본인 상황에 맞게 매도 타이밍을 찾는 것도 괜찮을 듯해요. 게다가 재개발을 추진한다고 해도 아파트 완공까지는 긴 시간이 소요되니 천천히 알아보면 될 거예요. 그러니까 너무 불안해하지 마세요."

"아파트가 되면 어쩌지만 생각했지 어떻게 해결해 나가야겠다는 생각은 못했어요."

"재개발 정비 사업이 잘되면 정말 좋아요. 좋은 기회라 생각하시고 차근차근 준비해 보세요."

"네. 제 평생 아파트를 가져 볼 거라고 생각해 보지 않아서 덜컥 겁부터 났나 봐요."

"그럴 수 있죠. 그럼 저는 이만 올라가 볼게요. 궁금한 거 있으시면 언제든지 물어보세요."

"네. 알려주셔서 감사해요. 조심히 올라가세요."

이후 집에 들어와서 외투를 챙겨 입고, 곧바로 경로당으로 향한다. 한동안 아파트가 시끌벅적하겠지. 누구는 재건축을 원해 리모델링을 반대할 테고, 누구는 리모델링을 원해 재건축을 반대할 테니. 모두가 만족하는 결과를 얻기 힘들겠지만 서로 싸우지 않고 타협점을 잘 찾아갔으면 좋겠다.

경로당에 들어서니 이미 많은 사람들이 모여 있다. 경로당 밖에서부터 큰소리로 대화하며 아낙네들이 들어온다. 목소리만 듣고도 203호, 303호인 줄 알았다. 아니나 다를까, 때마침 203호 유진 엄마가 내게 말을 걸어온다.

"703호 할머니, 리모델링보다 재건축이 낫지 않아요?"

내가 말을 꺼내기도 전에 303호 현우 엄마가 말을 한다.

"아니라니까? 재건축보다 리모델링이 더 낫지. 1980년에 지어진 아파트도 아직까지 재건축이 안 됐는데, 어느 세월에 우리 아파트가 재건축이 되겠어. 그냥 교통·일자리 호재가 있을 때 빨리 리모델링을 하는 게 낫지. 물 들어올 때 노 저어야 한다니까. 제 말이 맞죠?"

"글쎄, 어떻게 하는 게 나을지 의논하러 모인 거니 여러 의견들을 들어봐야지. 나야 세금이나 조금 알지 다른 건 잘 몰라."

"가다아파트에 세금 문제가 생기면 할머니께서 도와주시니 저희는 든든해요. 그리고 부동산도 저희보단 잘 아시잖아요."

"아무래도 부동산과 세금은 떼려야 뗄 수 없는 관계이다 보니 부동산에 관심이 많긴 했지."

"할머니는 어떤 게 더 나을 거 같으세요? 저는 잘 몰라서 할머니 의견을 따르려구요."

"이 늙은이 의견이 뭐가 중요해. 나보다 머리 회전 빠른 젊은이들 생각이 낫지. 다만 재건축을 할 수 있는 아파트가 있고, 리모델링을 할 수 있는 아파트가 따로 있으니 일단은 상황을 좀 더 지켜보는 게 맞는 것 같네. 가장 중요한 입주민들의 의견도 들어봐야 하고."

"리모델링을 할 수 있는 아파트가 따로 있어요?"

"응. 아무리 오래된 아파트라도 재건축을 할 수 없는 경우가 있어. 그래서 다른 대안으로 리모델링을 하는 경우도 있지."

"아파트가 오래되었다고 무조건 다 재건축을 할 수 있는 건 아닌가 봐요?"

"그렇지. 유진 엄마는 우리 가다아파트를 새로 짓는다면 몇 세대나 더 지을 수 있을 거 같아?"

"음, 따로 생각해 본 적이 없어서 잘은 모르겠지만, 그래도 지금 있는 세대수보다는 많지 않을까요?"

"보통 그렇게들 생각하지만 무조건 더 지을 수 있는 건 아니야. 대지 면적에 대한 건물의 연면적 비율을 용적률이라고 하는데, 아파트를 지을 때는 이 용적률 제한이라는 게 있어서 무한정 세대수를 늘릴 수가 없게 되어 있거든."

"그럼 우리 가다아파트는 몇 세대나 더 지을 수 있는 거예요? 다른 아파트 재건축하는 거 보면 기존 세대수보다 많이 짓기는 하는 거 같던데…."

"그건 확실히 알 수가 없어. 가다아파트는 대지 면적이 작고 기존 세대수가 많아서 아마 더 지을 수 있는 세대수가 그리 많지는 않을 거 같아."

"그럼 재건축 못하는 거예요?"

"건설사에서 일반 분양으로 팔 수 있는 세대수가 적어 사업성이 떨어진다고 판단할 수 있지만, 우리 아파트는 좋은 위치에 있기 때문에 높은 가격으로 팔 수 있다고 판단할 수도 있을 거야. 그래서 재건축이 안 된다고 단정할 순 없지."

"아, 머리 아프네요. 뭐가 좋은 거예요?"

그때 리모델링을 원하는 303호 현우 엄마가 내 앞으로 의자를 가까이 붙이며 얘기를 한다.

"그럼 재건축보다는 리모델링이 나은 거죠? 재건축되려면 최소 10년, 아니 10년이 뭐야. 그 이상을 더 기다려야 하는 거잖아요. 차라리 언제 완공될지도 모르고 하염없이 기다리는 것보단 그냥 빨리 고쳐서 사는 게 이득 아닌가요?"

"리모델링은 아무래도 새로 짓는 게 아니어서 아파트 구조에 아쉬움이 남는 건 있지. 그래서 다들 망설이는 걸 테고."

"물론 기존 골조 옆에 다른 골조를 추가하는 방식이라 동굴 구조가 될 수밖에 없는 건 아쉽긴 해요. 하지만 우리 아파트의 대지 면적이 적어 재건축으로 세대수를 확 늘릴 수 없다면 차라리 기존 세대수에 15%까지 세대수를 늘릴 수 있는 리모델링이 낫다고 봐요."

"형님은 언제 리모델링에 대해 알아봤대요?"

"내 집과 관련된 일인데 당연히 찾아보고 공부해야지. 재건축되기 어려운 아파트인데 그것도 모르고 재건축을 기다린다는 게 말이 돼?"

"아니, 형님. 할머님이 재건축될 수도 있고 안 될 수도 있다고 했지, 언제 안 된다고 했어요? 형님이 리모델링에 대해 너무 좋게 생각하는 거 같은데요?"

"내가 아무 근거도 없이 리모델링을 하자는 게 아니잖아. 유진 엄마야말로 무턱대고 재건축하자고 하는 거 아냐?"

"무턱대고라니요. 저도 들은 얘기가 있으니까 하는 소리죠. 리모델링이 좋으면 사람들이 재건축을 기다리겠어요? 재건축이 좋으니까 그 긴 세월 참으며 기다리는 거죠."

"나도 재건축이 좋아. 우리 아파트가 재건축됐으면 좋겠어. 하지만 되는 것과 안 되는 건 구분해야지. 재건축이 될 수 없는 아파트인데 다른 사람들 말만 듣고 10년을 기다릴 수 없잖아. 10년이 무슨 짧은 시간도 아니고."

"형님은 왜 자꾸 우리 아파트가 재건축될 수 없다고 해요. 될 수도 있는 거잖아요. 현우 고집이 누구 닮았나 했는데 형님 닮았네요."

"아니 여기서 내 아들 얘기가 왜 나와? 그리고 현우가 무슨 고집이 세다고 그래?"

"유진이한테 들었는데 현우 고집이 세서 취직도 안 하고 저렇게 배달 일만 한다고 하던데요?"

"뭐? 취직을 왜 안 해? 다 사정이 있어서 그런 거지. 유진 엄마 말 참 섭섭하게 하네. 그러면 뭐 유진이는 번듯한 직장이 있어 뭐가 있어. 웹툰 작가나 한다면서 아직까지 웹툰 나온 것도 하나 없으면서."

"왜 없어요. 아직 정식 연재만 안 하고 있는 거지 독자들 반응이 얼마나 좋은데요."

"반응만 좋으면 뭐 해. 정식 연재 못하면 돈도 못 버는 걸. 그러게 그냥 직장 다니면서 돈이나 벌지 뭔 그림을 그리겠다고."

"얼씨구, 그래서 뭐 현우는 얼마나 잘 다녔길래 회사에서 잘려요? 형님 닮아서 고집도 세고, 사회생활도 못하는 건가?

"뭐? 지금 말 다 했어?"

"왜요. 제가 뭐 틀린 말 했어요?"

"에휴, 둘 다 진정좀 해요. 형님 아우하면서 잘 지내는 사람들이 왜들 그래. 이제 그만하고, 저기 입주자 대표 회장님 오시니 이야기나 한 번 들어봅시다."

8시가 되자 열띤 토론이 시작되었다.

리모델링을 원하는 603호 대기업 부장님은 용적률, 조합 설립 동의율, 안전 진단 기준, 규제 사항 등을 조목조목 따지며, 리모델링을 해야만 하는 이유에 대해 설명한다. 반면 203호 유진 엄마와 303호 현우 엄마는 서로의 의견이 달라지자 멀찍이 떨어져 앉아 있다. 그 외 나머지 입주민들은 본인들의 재산과 관련된 문제인 만큼 마음껏 자기 목소리를 내고 있다. 난 이런 자리가 싫지 않다. 부동산을 소유하면서 복잡하고 힘든 일도 생기지만, 세상에 공짜가 어디 있겠느냐! 이들의 열띤 토론을 흐뭇하게 바라보게 된다.

차례

1편_

가다아파트 경비 아저씨

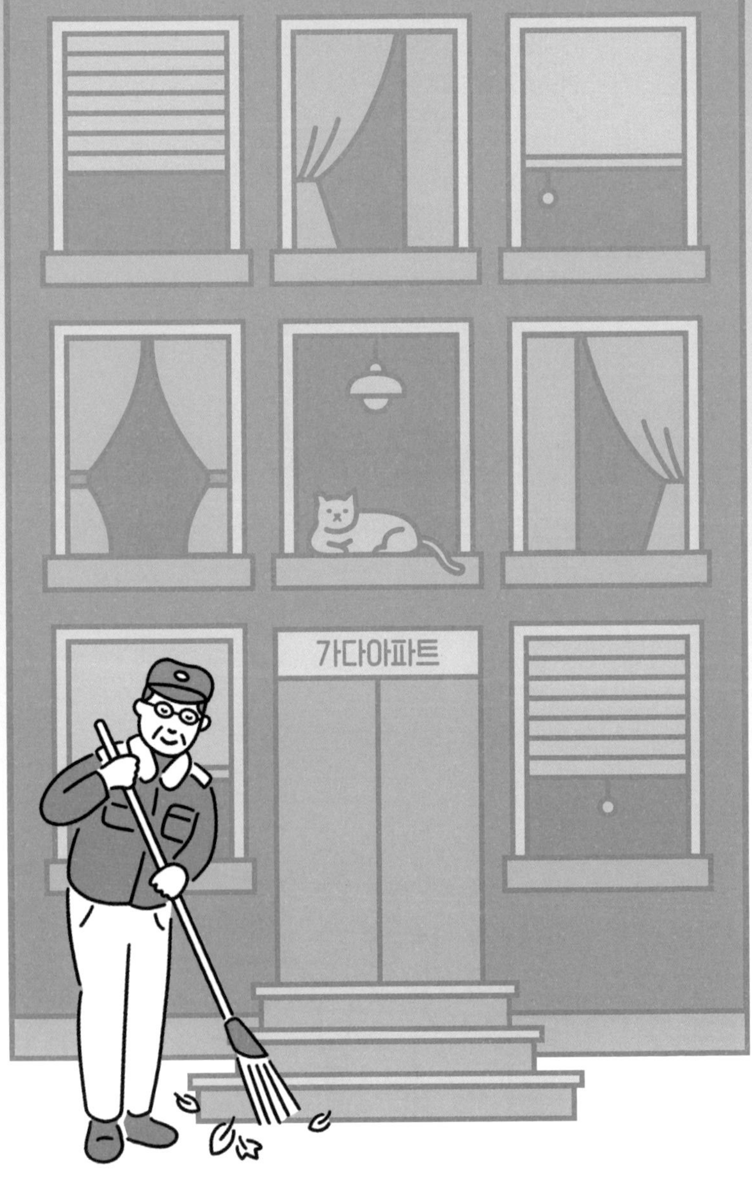

용역업체 직원의 설움!

　동 틀 무렵 일어나 잠든 아내를 깨울까 봐 조용히 방을 나왔다. 아내는 몸이 아픈지 연신 앓는 소리를 내며 자고 있다. 겉옷을 챙겨 입고, 아내가 준비한 도시락을 챙긴다. 아내는 몸이 아

프면서도 도시락은 꼭 챙겨주려고 한다. 괜히 나 때문에 몸이 더 안 좋아지는 것은 아닌지⋯. 매일 도시락을 준비하게 해서 미안하면서도 음식 솜씨가 좋은 아내의 도시락이 좋다.

현관문을 열고 밖으로 나오자 차가운 공기가 가장 먼저 나를 반겨준다. 서서히 동이 트기 시작하는 이른 아침, 출근 시간에 늦지 않기 위해 부지런히 발걸음을 옮긴다. 버스 정류장에 가까워지자 저 멀리 아내와 같이 일했던 아주머니의 모습이 보인다. 멀리서부터 인사해 오는 아주머니. 이내 버스 정류장에 도착하자 아주머니가 내게 아내의 안부를 묻는다.

"신장 혈액 투석은 계속하고 있는 거죠?"

"네. 일주일에 세 번 병원에 가고 있어요."

"혈액 투석이 그렇게 힘들다는데, 깡마른 몸이 견디겠어요?"

"그러게요. 몸이 워낙 약했던 사람이라 저도 걱정이에요."

"우리네처럼 일하면 골병 안 들 사람이 어디 있겠어요. 힘들어서 그만두고 싶어도 먹고 살려면 그만둘 수가 없으니⋯."

"많이 힘드시죠? 주방 일이 하루 종일 서서 하는 거라 몸이 고되시겠어요."

"나이가 드니 일이 힘에 부치긴 해요. 경비 일도 많이 힘들죠? 뉴스에 안타까운 사연이 많이 나오던데."

"힘든 환경에서 일하는 분들이 많죠. 최저 시급에 주민들 갑질까지…. 다행히 저는 좋은 곳에서 일하고 있어요. 그런데 계속 일할 수 있을지는 모르겠네요."

"왜요? 좋은 곳이면 오래 다녀야죠."

"용역업체에서 직원 감원을 한다는 얘기가 있어서요."

"아, 우리네야 언제든지 자르려고 하면 잘릴 수 있는 파리 목숨이긴 하죠."

"하하, 그러게요. 아내 치료비도 많이 들고, 재개발되면 돈도 많이 필요하다고 해서 오래 일해야 하는데 걱정이에요."

"안 그래도 재개발에 동의하셨다는 얘기 들었어요. 왜 동의하신 거예요?

"재개발에 반대하시는 건가요?"

"당연히 반대하죠. 서울 외곽이긴 하지만 그래도 서울에 겨우 내 집 한 칸 마련했는데 재개발된다고 내쫓기면 어디 가서 살아요. 말은 내 집 주고 새 아파트를 받는다는데, 그게 사실 공짜로 받는 것도 아니고 엄청난 큰돈을 줘야지 받는 거잖아요. 저는 그럴 돈도 없고, 헐값에 내 집을 사려는 사기꾼들 꼬임에 넘어가기도 싫어요. 그러니 아저씨도 그놈들 꼬임에 넘어가지 말고 재개발 동의한 거 다시 한번 생각해봐요."

"헐값이 아니라 내가 가지고 있는 토지와 주택을 전문가가 평가한 금액으로 돌려주는 거예요."

"아이고, 벌써 사기꾼들 꼬임에 넘어가셨네. 세탁소 아저씨가 그러는데 그게 사기꾼들 수법이래요. 높은 가격으로 돌려주겠다고 하면서 동의를 받아 놓고는 동의가 끝나면 헐값으로 집 뺏어가는 수법이요"

"그런 거 아닌데…. 저희 아파트에 재개발에 대해서 잘 아는 어르신이 계세요. 그분이 토지와 주택이 어떻게 평가되는지, 평가된 금액을 토대로 어떻게 내 집에 대한 가치가 산정되고, 아파트를 분양받으려면 얼마의 자금이 필요한지 설명해 주셨는데, 사기와는 전혀 무관한 내용이던데요?"

"이상하네. 세탁소 아저씨도 재개발에 대해 잘 안다고 하셨는데…. 자기는 헐값에 뺏기는 걸 투쟁해서 지켰다고 엄청 자랑스럽게 얘기하더라고요."

"각자의 생각이 있는 거지만 명확한 근거는 있어야 되는 거 같아요. 지금 살고 있는 집이 얼마에 평가 받을 수 있는지 알아보세요. 저는 자식들과 함께 하고 싶어서 집에 대한 지분을 나눠줬어요."

"왜요?"

"두 아들이 내 집 한 칸 없이 고생하며 사는데, 이번 기회에 내 집 마련하는 기회를 주고 싶어서요. 또 본인들이 식섭 재개발 구역 지정부터 아파트 완공까지 경험해 보면 깨닫는 게 있을 거라고 아까 그 어르신이 말씀해 주시기도 했고요."

"괜히 자식들에게 헛바람 넣는 거 아니에요? 아파트 된다고 했다가 안 되면 실망만 하지. 게다가 만약 아파트가 됐다고 해도 그 큰 금액을 자식들이 감당이 된대요? 괜한 희망만 갖게 하는 거 아닌 가 몰라."

"내 자식들도 희망을 가져 볼 수 있는 거죠. 기난한 부모 밑에 태어났으니 계속 가난해라 이런 겁니까?"

"아니, 난 사이좋은 집안에 분란이 될까봐 그러는 거지. 저기 버스 오네. 난 이만 가요."

급하게 버스를 타는 아주머니의 뒷모습을 보며, '만약 내가 어르신의 말씀을 듣지 않았다면 어땠을까?'를 생각해 본다. 그랬다면 나 역시 세탁소 사장님과 아주머니와 같은 생각이었을까. 아니면 지금과 같은 생각이었을까. 확실한 건 만나는 사람이 누구냐에 띠리 생긱이 바뀌고 행동이 바뀐다는 것이다. 잠시 뒤, 가다아파트로 가는 버스가 정류장으로 들어온다. 아직 이른 아침이지만 버스 안에는 꽤나 많은 사람들이 앉아 있다.

서둘러 자리에 앉아 창밖을 바라본다. 그러면서 '저 많은 아파트 중에 내 아파트는 없는 것인가'를 생각하는 것이 아니라 '저 아파트 중에 내가 일할 수 있는 곳은 없는가'를 걱정한다. 그때 그 일만 없었다면 이런 걱정은 하지도 않았을 텐데….

2022년 3월 수요일.

며칠 동안은 날이 따뜻했지만, 오늘은 기온이 많이 내려갔다. 초소 안에 있는 전기 히터를 켜고, 근무를 위해 경비복으로 갈아입는다. 라디오에서는 오늘도 부동산 경제에 대해 얘기하는데, 뭐라고 하는 것인지 잘 모르겠다.

환복을 마치고 초소를 나오자 옆 초소 장 씨가 찾아왔다.

"김 씨, 세무서 직원이 현장 확인 왔다고 김 씨를 만나고 싶다는데?"

"세무서 직원이 나를? 왜?"

"글쎄, 503호 관련해서 온 거 같은데. 그때 그 등기 우편 때문에 온 거 아냐?"

"잘 모르겠는데…. 일단 얼른 갔다 올 테니 내 초소도 좀 같이 봐주고 있어줘."

"알겠어. 여긴 걱정 말고 빨리 가봐."

　내 잘못으로 이런 사달이 난거 같아 마음이 무겁다. 관리 사무실에 들어가니 관리소장님이 얼른 오라고 손짓을 한다.

　"김 씨 어서 일로 와요. 여기 세무서 직원분이 나오셔서 기다리고 계셔."

　"안녕하세요. 저는 서울 세무서에서 나온 이조사관입니다. 503호 우편물 송달 관련해서 확인차 나왔습니다. 편하게 있는 그대로 말씀해 주시면 돼요."

　"네."

"우선 가다아파트는 우편물 관리를 어떻게 하고 있는지 말씀해 주시겠어요?"

"우편물 관리요? 뭐 특별한 건 없고 그냥 아파트 출입구에 각 세대별 우편함이 설치되어 있어서 보통 우편물은 그 우편함에 투여되고, 등기 우편물은 아파트 경비원이 인터폰으로 연락해서 수령인이 직접 수령하게 해요. 아, 그런데 연락이 여의치 않은 경우에는 경비원이 이를 수령하였다가 전달해 왔어요."

"등기 우편물을 전달하는 과정은 아파트 입주민들이 동의를 한 건가요?"

"동의를 한 건지는 잘 모르겠지만, 제가 가다아파트에서 10년째 일하고 있는데 지금까지 한 번도 등기 우편물 배달 방법에 대해서 아파트 주민들이 뭐라고 하지 않았어요. 그래서 503호 교수님 댁 등기 우편도 제가 수령하고 전달해 드렸던 거죠."

"그렇군요. 그렇다면 대리 수령한 등기 우편물이 수령인 본인에게 전달되는 데는 며칠이 소요되나요?"

"보통 3~4일 내에 이를 수취하고, 수취하지 않으면 반송 처리를 해요."

"방금 3~4일 내에 수취한다고 하셨는데, 그럼 503호에 등기 우편물이 전달되기까지는 왜 15일의 시간이 소요된 건가요?"

"등기 우편을 받고 매일 503호에 인터폰을 하고 문 앞에 메모를 남겼지만 연락이 없으셨어요. 그리고 며칠간 503호에 불이 켜지지 않아서 교수님이 미국에 가셨나 생각하게 됐죠."

"503호 납세자분이 미국에 갔다는 건 어떻게 아셨어요?"

"아까 말씀드렸지만, 가다아파트에서 일한지 10년이 넘어서 아파트 사람들을 잘 알고 있어요. 503호 교수님은 가족들이 미국에 살고 계셔서 일 년에 두 번 정도 가족들을 보러 미국에 가세요. 그래서 4일이 지나고 등기 우편을 반송한거죠."

"그럼 1차로 온 등기 우편물이 4일 이내 수령이 안 되서 반송이 되고, 다시 2차로 등기 우편물이 온 거네요?"

"네. 다시 등기 우편물이 와서 이번에는 수령을 안 하려고 했어요. 그런데 마침 503호에 불이 켜져 있더라구요. 잠깐 고민하다가 혹시 몰라서 503호에 인터폰을 하니 교수님께서 지금 막 집에 들어오셨다며, 우선 저보고 등기 우편물을 받아 달라고 하셨어요. 그래서 제가 다시 등기 우편물을 받아두게 된 거였죠."

"그리고 2차 등기 우편물을 수령한 날로부터 15일이 지나서 503호 납세지에게 진달이 된 건가요?"

"네. 교수님께서 제가 등기 우편물을 받았다는 걸 알고 계셨기에 당연히 바로 가지고 가실 줄 알았어요. 그런데 며칠이 지나도 안 가지고 가서서 관리 사무실에 요청을 하여 교수님의 핸드폰으로 연락을 드렸어요."

"입주자 개인 핸드폰으로도 연락을 주세요?"

"아뇨. 꼭 그렇게 하지 않는데, 아파트 관리 규약상 등기 우편물을 오래 가지고 있으면 안 되기 때문에 관리소장님께 따로 부탁해서 교수님께 연락을 드린 거예요. 소장님 그렇죠?"

"맞아요. 김 씨가 등기 우편물을 503호에 전달하려고 아주 많이 노력했어요. 김 씨가 주민들 일이라면 발 벗고 나서서 하다 보니 이런 일이 생긴 거예요. 잘 선처해 주세요."

"아이고, 선처라뇨. 제가 뭐라고. 저는 그저 등기 우편물이 고지서였고, 고지서의 송달 여부가 중요하다 보니 정확한 상황을 파악하려고 하는 거예요. 그런데 핸드폰으로 연락을 드렸는데도 왜 15일이나 지나서 전달이 됐을까요?"

"아, 그건 교수님과 연락이 잘 닿지 않아서 그런 거예요. 교수님께 몇 번이고 연락을 드렸는데, 바쁘신지 받지를 않으시더라고요. 그러다가 어렵게 전화 연결이 돼서 등기 우편물 수령에 대해 말씀드렸는데, 세미나 참석으로 지방에 계셔서 우편물을 찾아갈 수 없다고 하셨어요."

"그렇군요. 그럼 납세자분은 언제 서울로 돌아오셨어요?"

"음, 아마 등기 우편 수령일로부터 15일이 지난 후 돌아오셨던 것 같아요."

"그래서 우편물 전달이 늦어졌던 거군요. 503호 납세자분에게 서울 세무서에서 온 우편물이라고 말씀은 드렸나요?"

"네. 세무서에서 온 등기 우편물이라 중요할 것 같아서 말씀 드렸는데, 세미나 다녀와서 받아도 될 거라고 하셨어요."

"우편물을 확인해 본다고 말씀은 안 해보셨어요?"

"저희는 우편물을 열어 볼 수 없어요. 입주민들의 우편물을 열어 보는 것은 절대로 해서는 안 되는 일이거든요."

"알겠습니다. 그럼 지금까지의 말씀들을 정리하자면, '가다아파트의 경우 등기 우편물 수령 권한이 경비원에게 묵시적으로 위임되어 왔고, 503호 앞으로 발송된 1차 등기 우편물은 부재중으로 반송되었다. 이후 2차로 발송된 등기 우편물은 경비원께서 503호의 수령 의사를 듣고 대리 수령하였으나 503호의 지방 출장으로 인해 15일 후에 전달되었다.' 이거네요. 그래서 이미 고지서 납부 기한이 지난 상태가 된 거고요."

"네. 503호 교수님이 우편물을 일부러 안 받으려고 한 게 절대 아니에요. 우편물이 고지서였다는 걸 아셨으면 바로 세금을 내셨을 거예요."

"말씀 잘 알겠습니다. 덕분에 어떤 상황인지 알게 되었네요. 긴 시간 내주셔서 감사합니다."

그렇게 세무서 직원이 떠나가고, 관리소장님과 함께 차 한 잔을 하였다.

"소장님, 503호 교수님 잘 해결되겠죠?"

"그러길 바라야죠. 아참, 얼마 후에 용역업체 바뀐다는 얘기 들었죠?"

"네. 바뀌면서 직원 감원을 할 거라는 얘기도 들었어요. 혹시 뭐 들으신 거 없으세요?"

"나도 딱히 뭐 들은 건 없어요. 다만 용역업체도 입주자 대표 눈치를 보기 때문에 경비원이 일 못한다고 민원 들어가는 걸 싫어해요. 그래서 사실 이번 우편물 송달 문제가 걱정이 되네요."

"제가 잘못한 게 아닌데도 문제가 될까요?"

"용역업체에선 좋은 빌미가 될 수 있죠."

"503호 교수님도 그렇고, 저도 잘 해결됐으면 좋겠네요."

"좋은 사람들에게 힘든 일이 생겨서 내 마음도 편치가 않아요. 용역업체에 김 씨 사정을 잘 얘기해 볼 테니 너무 걱정하지 말아요. 다 잘 해결되겠죠."

"신경써주셔서 감사합니다."

이후 관리 사무소에서 나와 초소로 돌아왔다. 어느새 시간은 오전 10시, 세무서 직원과 이야기하느라 오전 일과를 진행하지 못한 탓에 분리수거장에는 플라스틱 용기와 빈 박스 등이 어지럽게 널브러져 있다. 안 그래도 우편물 송달 문제 때문에 입지가 불안한데, 분리수거로 인한 민원까지 들어오면 정말 큰일이다. 서둘러 준비를 마치고 초소 밖을 나서는데, 옆 초소 장씨가 내게 다가와 말을 건다.

"세무서 직원이 뭐라고 해?"

"우편물 수령 과정을 확인하러 온 거래."

"그 우편물이 세금 납부 관련 고지서였다며?"

"응. 게다가 세금 납부 기한이 있었는데, 교수님이 그 납부 기한까지 납부를 안 하셔서 가산세에 문제가 생겼다네."

"거봐, 김 씨가 고지서를 늦게 전달해서 그런 거잖아."

"장 씨! 상황 다 알면서 서운하게 그리 말하나?"

"고지서면 아주 중요한 우편물인데 어떻게든 바로 전달을 했어야지. 아니면 처음부터 수령을 하지 말던가. 경비원 일을 수년간 했으면서 아직도 그런 걸 모르면 어떡해. 세무서에서 등기 우편으로 보내서 1차 반송되고, 재발송까지 보낸 거라면 당연히 고지서라고 생각을 했어야지."

"당연히라니! 세무서에서 보내는 게 다 고지서도 아니고, 또 교수님이 우편물을 받기 전에 납부 기한이 지났을 거라고 누가 생각이나 했겠냐고."

"에헴, 이유가 뭐가 됐든 김 씨의 과한 친절이 되려 503호 교수님을 곤란하게 만든 건 사실이라고."

창밖을 보며 생각에 잠겨 있던 찰나, 버스는 어느덧 가다아파트 앞에 도착했다. 그날 장 씨 가 했던 말이 계속 뇌리에서 떠나지 않는다. 나의 행동이 과한 친절이었단 말인가. 의도는 좋았어도 결과가 좋지 않았다면 잘못된 행동이란 말인가. 동료가 이해해 주지는 못할망정 비난을 하니 괘씸하면서도 서글프다. 서로의 처지를 잘 알면서도 이번 직원 감원 바람이 동료 사이를 멀어지게 하는 거 같아 씁쓸하다.

답답한 생각을 떨쳐 내기 위해 가다아파트에 도착하자마자 부지런히 분리수거장 정리, 입주민 주차 차량 확인, 아파트 순찰을 실시한다.

복수근로소득이 뭐예요?

여전히 새벽 공기가 제법 쌀쌀하다. 4월이면 어김없이 찾아
오는 꽃샘추위 덕분에 두꺼운 잠바를 입고 출근을 한다. 아파
트 단지에 도착하자 마치 눈처럼 떨어지는 나뭇잎들이 나를 반

겨준다. 바닥에는 이미 제법 많은 나뭇잎이 쌓여 서로 엉켜있다. 잠시 뒤면 703호 할머니가 운동을 하고 들어올 시간이기에 서둘러 3동 출입문 앞을 쓸기 시작한다. 마침 저 멀리서 활기차게 뛰어오는 703호 할머니가 보인다.

"안녕하세요. 운동하고 들어오는 길이세요?"

"네. 역 앞에 있는 공원에서 그냥 슬슬 뛰다 왔어요. 바람 때문에 나뭇잎이 많이 떨어지죠?"

"쓸고 또 쓸어도 줄지를 않네요. 하하하. 아참! 어르신 죄송하지만 저랑 잠깐 이야기 나눌 시간 있으신가요? 궁금한 게 있는데, 물어볼 사람이 어르신밖에 없어서요."

"그럼요. 왜 무슨 일 있어요?"

"아, 아뇨. 무슨 일은 아니고 서울 세무서에서 우편물이 왔는데, 무엇을 하라는 건지 모르겠어서요."

"우편물이 어떤 내용인지 볼까요?"

주머니에서 우편물을 꺼내 703호 할머니에게 건넸다.

"종합소득세 확정 신고 안내이네요."

"맞아요. 그런데 저는 이미 회사에서 연말정산을 다 끝냈거든요. 더이상 신고할 게 없는데, 또 신고하라고 하니 제가 뭘 잘못한 건가 싶어서요."

"그래요? 어디보자. 두 군데 이상에서 근로소득이 발생하였으니 합산해서 연말정산을 하지 않는 경우 종합소득세 확정 신고를 해야 한다고 나와 있네요."

"두 군데요? 이상하네, 10년째 경비 일 말고 다른 일을 한 적이 없는데…."

"안내문 내용을 보면 소득 발생 내역에 회사가 두 군데로 되어 있는데, 모르는 회사인가요?"

"아! 경비 용역업체가 작년에 바뀌었어요."

"그렇다면 현 근무지에서 연말정산을 할 때 전 근무지의 급여가 합산되지 않았나 봐요. 이런 경우에는 5월 종합소득세 신고 기간에 두 회사의 급여를 합산해서 신고해야 돼요."

"왜 합산이 안 된 거지? 그런데 어르신, 회사가 두 곳일 경우 종합소득세 신고를 해야 하는 이유가 뭐예요?"

"아, 그건 종합소득세는 소득이 커질수록 세율이 높아지기 때문이에요. 두 회사에서 각각의 급여만으로 연말정산을 하게 되면 각종 공제를 따로 받게 되기에 세율이 낮게 적용될 수 있어요. 그래서 두 곳의 급여를 합산한 다음 공제를 받아야만 정확한 세율 적용을 할 수 있기 때문에 종합소득세 신고를 해야 하는 거죠."

"공제를 따로 받는다는 게 무슨 말씀일까요?"

"공제에는 인적공제, 세액공제 등 각종 공제들이 있어요. 여기서 인적공제는 본인 및 부양하는 가족 수에 따라 공제해 주는 것을 말해요. 만약 한 회사의 근로소득에서 인적공제를 받고, 또 다른 회사에서도 인적공제를 받는다면 그만큼 소득이 줄어들고 세금도 적게 내게 돼요."

"공제를 한 번만 받아야 된다는 거네요?"

"그렇죠. 일 년의 소득을 모두 합산한 후, 각종 공제를 한 번만 받아야 해요."

"그럼 저 같은 경우에는 공제를 두 번 받게 된 건가요?"

"맞아요. 각각의 회사에서 연말정산을 하였기에 두 번 공제됐을 거예요."

"어렵네요. 그렇다면 급여를 받은 곳이 두 곳 이상이라면 종합소득세 신고를 반드시 해야 되는 건가요?"

"그건 아니에요. 중도에 퇴직하고 새로운 근무지로 이직하여 현 근무지에서 전 근무지의 급여를 합산한 뒤 연말정산을 한 경우, 또는 근무지가 두 곳 이상이여서 주된 근무지에서 종된 근무지의 급여를 합산한 뒤 연말정산을 한 경우에는 종합소득세 신고를 하지 않아도 돼요."

"아, 이제 이해가 조금 되네요. 한 회사에서 다른 회사의 급여를 모두 합산해서 연말정산을 했으면 종합소득세 신고 대상이 아니고, 합산하지 않았다면 종합소득세 신고 대상이 된다는 거 맞죠?"

"맞아요. 합산 여부에 따라 신고 대상 여부가 달라지는 거죠."

"그런데 저는 왜 현재 일하는 곳에서 전에 일했던 곳의 급여를 합산해 주지 않았을까요?"

"그건 아마 현 근무지에서 연말정산을 할 때 전 근무지의 근로소득원천징수영수증을 제출하여 연말정산 시 반영해달라고 하지 않으셨기 때문일 거예요."

"근로소득원천징수영수증? 그건 또 뭔가요?"

"근로소득 및 원천징수세액 등을 기재한 서류인데요. 총급여액, 납부한 세액, 각종 공제 항목에 대한 금액이 적혀 있어요. 근로소득지급명세서라고도 해요."

"그런 서류를 현 근무지에 제출했어야 하는지 전혀 몰랐어요. 알았다면 현 근무지에 각종 서류 등을 제출해서 연말정산을 끝냈을 텐데요."

"보통 회사에서 연말정산을 하니 세금에 대해 잘 모를 수 있어요. 그렇지만 연말정산에 대해 잘 모르고 있으면 손해를 볼 수 있기 때문에, 적어도 내가 어떤 항목을 공제받을 수 있고, 그동안 놓치고 있는 것은 없는지, 또 종합소득세 신고 대상인지 등은 알고 있어야 해요."

"그러고 보니 지금까지 연말정산에 대해 크게 신경 써 본 적이 없는 것 같아요. 매년 회사에서 알아서 해 주니까요."

"맞아요. 게다가 각종 공제받는 내역이 매년 비슷하고, 전산화도 잘 되어 있어서 신경 쓸 게 많이 없기도 하죠. 혹시 본인이 한 해 동안 내는 세금이 얼마인지, 어떤 공제는 얼마나 받고 있고, 어떤 공제는 왜 못 받고 있는지 조금이라도 관심을 가져 본 적 있으세요?"

"아뇨. 매달 회사에서 알아서 세금을 떼 가고, 연말정산간소화자료를 회사에 내기만 하면 알아서 해당되는 사항에 대해서 공제 및 환급을 해 주길래 따로 관심을 가져 본 적은 없어요."

"아마 대부분의 직장인들이 그럴 거예요. 이해를 돕기 위해 제가 조금만 더 설명해 드릴게요. 우선 매달 회사에서 세금을 떼어가는 걸 원천징수라고 해요. 그리고 이 원천징수가 되는 금액은 근로소득간이세액표에 의해 정해지고요. 이때 간이세액표는 급여 및 부양가족 수를 반영해서 정해진 세금표라고 생각하시면 돼요."

"안 그래도 월급에서 세금으로 떼어가는 금액의 기준은 뭘까 궁금했는데, 세금표 같은 간이세액표가 있었군요."

"네. 그런데 여기서 알고 가야 할 게 하나 더 있어요. 매월 이 간이세액표에 의해 떼어지는 세금은 각종 공제들을 반영하지 않고 내는 세금이기 때문에 일 년에 한 번 연말정산을 통해서 최종 부담하여야 할 세금을 확정해 주어야 한다는 거예요."

"연말정산을 하는 이유가 그런 이유 때문이었네요."

"그렇죠. 연말정산을 통해 납부한 세금보다 최종 부담할 세금이 많으면 추가 납부를 해야 하는 것이고, 반대로 납부한 세금보다 최종 부담할 세금이 적으면 환급을 해 주는 거죠."

"아, 그래서 월급은 같은데 누구는 환급, 누구는 납부가 나오는 거였군요. 사람마다 공제받는 게 달라서 그런 건가요?

"네. 개인마다 부양하는 가족의 수, 소비한 금액이 다르다 보니 월급은 같아도 누구는 환급, 누구는 납부가 되는 것이죠."

"저 같은 경우 항상 연말정산을 하고 나면 추가 납부가 나오더라고요. 같이 일하는 장 씨는 매번 환급이 나오는데…. 그래서 혹시나 하고 제가 받을 수 있는 공제가 더 있나 찾아봐도 매년 공제받을 게 비슷하다고 나와서 늘 추가 납부에 대한 걱정부터 하게 돼요."

"그럴 수 있어요. 많은 분들이 매년 공제받는 게 비슷하다며 걱정된다고 말씀하시거든요. 하지만 공제를 받을 수 있는데 모르고 못 받는 경우도 많죠."

"그래요? 공제를 받을 수 있으면 받아야죠. 어떤 경우에 더 공제를 받을 수 있을까요?"

"인적공제가 가능한 부양가족의 소득 요건인 연간소득금액이 100만 원 이하인 줄 몰라 인적공제를 받지 않은 경우, 세대원이라도 주택자금공제가 가능한데 공제 신청을 안 한 경우, 월세액세액공제가 가능함에도 월세 현금영수증을 통해 소득공제를 받은 경우, 중소기업 취업자 소득세 감면 신청을 몰라서 세액감면을 못 받은 경우 등이 있어요."

"후…. 잠깐 듣기만 했는데도 너무 어렵게만 느껴지네요."

"공제 항목이 많긴 하지만 한 번쯤 공제 내역을 점검한다면, 13월의 월급을 더 잘 챙길 수 있을 거예요. 너무 복잡하게 생각하지 마세요."

"네. 지금이라도 알아서 다행이에요. 그런데 보통 공제 항목은 몇 개 정도 되나요?"

"개수로 따지면 많지만 공제 항목은 크게 소득공제와 세액공제, 두 분류로 나눌 수 있어요. 먼저 소득공제는 인적공제, 연금보험료공제, 특별소득공제, 그 밖의 소득공제 등 총 4가지로 분류할 수 있죠. 이때 주택자금공제와 신용카드 등 사용금액 공제가 소득공제에 포함되고요."

"소득공제와 세액공제가 다른 거예요?"

"네. 소득공제는 공제받는 금액에 세율을 곱한 만큼 세금이 감소되는 효과가 있고, 세액공제는 공제된 세액만큼 세금이 줄 어드는 효과가 있어요. 하지만 둘 중에 하나를 선택해야 하는 문제가 아니기에 받을 수 있는 공제는 다 받아야 하죠. 다만 월 세액세액공제와 월세소득공제는 한꺼번에 두 개를 다 공제받 을 수가 없어요. 그래서 월세액세액공제가 가능하다면 월세소 득공제보다는 월세액세액공제를 받는 게 유리해요."

"그렇군요. 그럼 세액공제에는 무엇이 있나요?"

"세액공제에는 근로소득·자녀·연금계좌세액공제, 특별세액 공제, 월세액세액공제 등이 있어요. 그리고 여기서 보험료, 의 료비, 교육비, 기부금공제가 특별세액공제에 포함되어 있죠."

"공제에도 종류가 상당히 많네요. 혹시 회사에서 공제금액 을 계산해 주는데 제가 특별히 알아야 할 게 있을까요?"

"음…, 신용카드, 의료비 공제액이 얼마인지 계산하는 방법 을 알 필요는 없지만, 의료비 공제를 배우자가 공제받을지 본인이 받을지 판단을 하거나 인적공제로 부양가족을 넣을지 말지 판단은 본인이 할 수 있어야 해요."

"그럼 판단만 하면 아내 대신 제가 공제를 받을 수도 있는 건가요? 제 아내가 몸이 아파서 작년 몇 달만 근무를 하고 쉬고 있는 중이거든요."

"그럼요. 당연히 받을 수 있죠. 다만 인적공제를 받기 위해서는 배우자와 부양가족의 연간소득금액이 각각 100만 원 이하여야만 해요. 여기서 연간소득금액은 종합소득금액, 퇴직소득금액, 양도소득금액을 말하는 건데, 대부분의 사람들이 이 금액을 판단하는 걸 어려워하죠."

"맞아요. 소득금액이라는 말 자체를 모르겠어요. 그리고 혹시나 판단을 잘못해서 불이익이 생길까봐 덜컥 겁부터 나고요."

"처음에는 누구나 다 그렇죠. 하지만 소득금액을 판단하는 계산 방법이 있어서 어려울 게 없어요. 다만 지금은 개략적으로 내가 얻은 수입에서 비용을 뺀 금액이라고 생각하시는 게 이해에 더 도움이 될 거예요. 즉 아내 분의 경우 작년에 근로소득만 있었고 총급여액이 500만 원이라면, 비용을 일괄적으로 빼주는 근로소득공제를 해서 근로소득금액이 150만 원 되는 것이죠."

"150만 원이요? 그렇다면 아까 부양가족 소득 요건에 소득금액 100만 원이하여야만 한다고 했으니 공제 대상에 포함되지 않는 거네요?"

"아뇨. 꼭 그런 건 아니에요. 근로소득만 있는 자는 근로소득금액이 150만 원이어도 총급여가 500만 원 이하인 경우에는 인적공제가 가능해요."

"근로소득이 아닌 다른 소득이 있으면 안 되는 거예요? 예를 들면 기타소득이나 사업소득 같은 거요."

"만약 다른 소득이 있다면 그 소득들과 합산해서 종합소득금액이 100만 원 이하면 돼요. 다만 연말정산을 하는 1~2월에는 부양가족의 종합소득금액이 100만 원 이하인지 알 수 없는 경우가 있어서 잘 확인해야 하죠."

"어떻게 확인할 수 있어요?"

"부양가족이 근로소득 외에 다른 소득이 있었다면 종합소득세 신고를 해오고 있었을 거예요. 따라서 매년 소득이 비슷하다면 그동안 신고했던 종합소득세신고서나 국세청에서 발급해 주는 소득금액증명서를 통해 얼마인지 대략적으로 확인할 수가 있죠. 다만 지난 소득으로 대략적인 금액을 파악하는 것이니 정확한 금액은 확인해 볼 필요가 있어요."

"그렇군요. 그런데 만약 어르신이 말씀해 주신 방법으로도 부양가족의 종합소득금액을 알 수 없어 연말정산 시 인적공제를 받지 못하면 어떻게 해요?"

"그럴 때는 매년 5월에 실시하는 종합소득세 신고를 통해 인적공제를 받으면 돼요."

"그럼 반대로 연말정산 시 인적공제를 받아서 인적공제를 받으면 안 되는 경우에는요?"

"간단해요. 인적공제를 빼고 납부하면 되죠."

"정말 생각보다 간단하네요. 아, 그리고 회사에서 연말정산을 했어도 다시 할 수 있는 건가요?"

"네. 5월 종합소득세 신고 기간에 다시 할 수 있어요. 하지만 만약 과다공제를 받아서 추후 5월 신고 기한을 지나고 수정 신고를 하게 된다면 가산세라는 문제가 생겨요. 그래서 근로자여도 5월 종합소득세 신고에 대해 알고 있어야 하는 것이죠."

"가산세 문제가 생긴다고 하니 정신이 번쩍 드네요. 안 내도될 돈을 내는 것이니…. 혹시 제가 알아야 하는 공제나 알고 있으면 좋은 공제들이 더 있을까요?"

"몇 가지 알아두고 있으면 좋은 것들이 있죠. 먼저 연금보험료공제라는 것이 있어요. 이는 국민연금, 공무원연금, 군인연금 등 공적연금의 근로자 부담금 전액에 대해 공제받을 수 있는 것을 말해요. 다만 다른 소득공제로 부담해야 되는 세금이 없다면, 공적연금까지 공제할 필요는 없어요. 연금보험료를 공제받으면 추후 연금 수령 시 연금소득세를 내야 하거든요."

"네? 연금을 받을 때도 소득세를 내야 한다고요?"

"네. 그래서 다른 소득공제를 다 받고 연금보험료공제를 가장 나중에 적용할 수 있도록 하고 있어요."

"연금은 받을 생각만 했지 나중에 내야 되는 세금이 있다는 건 정말 몰랐어요."

"그럴 수 있죠. 아무튼 연금보험료공제는 받는 것이 유리하기에 특별히 신경 쓸 건 없지만, 공제를 받으면 추후 연금 수령 시 연금소득세가 과세되고, 공제를 받지 않으면 연금소득세가 과세되지 않는 다는 것만은 반드시 아셨으면 좋겠어요."

"정말 지금이라도 알아서 다행이네요."

"그리고 주택 관련 지출에 대한 공제도 여럿 있는데요. 먼저 전세를 얻으려고 대출을 한 경우에는 주택임차차입금 원리금상환액공제라는 것이 있고, 집을 장만하기 위해 대출을 한 경우에는 장기주택저당차입금 이자상환액공제라는 것이 있어요. 또 주택을 사기 위한 저축은 주택마련저축공제, 월세로 살고 있으면 월세액세액공제 등이 있고요. 종류가 많지만 공제 항목만 구분할 수 있어도 많은 도움이 될 거예요.”

“알려주셔서 감사합니다. 지금부터라도 세금에 대해 하나씩 알아가야겠어요.”

“세금에 대해서는 많이 알고 있을수록 좋아요. 각종 공제에 대해 더 알려드리고 싶은데 다 말씀드리기가 어렵네요. 대신 공제 항목을 정리한 노트가 있으니 다음에 가져다 드릴게요.”

“이렇게 말씀만으로도 많은 도움이 되었는데, 노트까지 빌려주신다니 정말 감사한 따름입니다. 이제 종합소득세 신고를 왜 해야 하는지 정확히 알게 되었네요.”

“감사는 무슨…. 그저 내가 알고 있는 상식을 조금 나눠주는 것뿐인데요. 뭘.”

“그 작은 나눔이 저에겐 정말 필요했거든요. 하하하. 그나저나 이제 막상 직접 신고를 해야 한다니 걱정이 앞서네요. 제가 잘할 수 있을까요?”

“그럼요. 크게 어려운 건 없으니 분명 잘하실 수 있을 거예요. 다만 서면으로 직접 신고서를 작성하는 건 어려워서 저도 잘 못해요. 그래서 인터넷 홈택스나 모바일 앱 손택스를 이용하는 것을 추천하죠. 손택스 앱을 열어 보시면 신고·납부 항목에 종합소득세 근로소득 신고가 있어요. 근로소득지급명세서와 연말정산간소화자료가 몇 번의 클릭만으로 불러와지고 신고도 되니, 어렵지 않게 하실 수 있을 거예요. 만약 신고 방법을 잘 모르겠다면 신고 안내 동영상을 보거나 국세상담센터 126번에 문의하셔도 돼요."

"그렇군요. 바쁘실 텐데 자세히 알려주셔서 정말 감사합니다. 어르신 덕분에 많은 걸 알게 되었어요."

"아니에요. 도움이 필요하면 언제든지 연락주세요. 그럼 이만 올라가 볼게요."

"네. 들어가세요."

한 번도 해 보지 않은 세금 신고를 혼자서 할 수 있을지 의구심이 든다. 하지만 이번에는 직접 연말정산을 해야 하기에 어쩔 도리가 없다. 그래! 해 보는 거다. 해 보자!

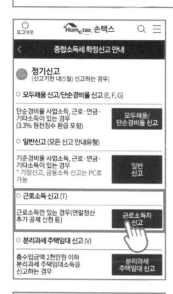

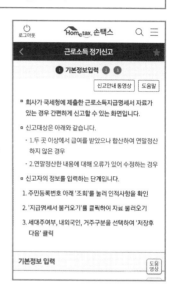

나는 근로소득자입니다.

1. 근로소득간이세액표

○ 근로소득간이세액표란?

: 매월 급여를 지급하는 때에 원천징수해야 하는 세액을 급여 수준 및 공제 대상 가족의 수로 정한 표

○ 간이세액표 조회 : 손택스 ▶ 조회·발급 ▶ 기타 조회 ▶ 근로소득간이세액표

○ 근로소득간이세액표 예시

월급여액(천 원)		공제 대상 가족의 수			
		1	2	3	4
2,980	2,990	72,210	54,710	31,120	25,870
2,990	3,000	73,060	55,560	31,450	26,200
3,000	3,020	74,350	56,850	32,490	26,690
3,020	3,040	76,060	58,560	32,600	27,350
3,040	3,060	77,770	60,270	33,260	28,010

2. 연말정산

○ 연말정산이란?

: 원천징수 의무자가 근로자의 과세 기간에 해당하는 근로소득에 대해 그 근로자가 제출한 소득·세액공제 신고서 등의 내용에 따라 부담하여야 할 소득세액을 확정하는 제도

○ 연말정산 자료 조회

: 손택스 ▶ 조회·발급 ▶ 연말정산 서비스 ▶ 근로자 소득·세액공제 자료 조회

○ 연말정산 서비스

3. 근로소득원천징수영수증(지급명세서)

○ 근로소득원천징수영수증이란?

: 근로소득을 지급하는 원천징수 의무지가 근로자에게 근로소득 및 원천징수세액, 소득 및 세액공제 내역 등을 기재하여 원천징수하였음을 증명하기 위하여 발급하는 서류

○ 근로소득지급명세서란?

: 원천징수 의무자가 해당 과세 기간의 다음 연도 3월 10일까지 관할 세무서장에게 근로소득 및 원천징수세액, 소득 및 세액공제 내역 등을 기재하여 제출하는 서류(근로소득원천징수영수증과 근로소득지급명세서는 동일 서식임)

○ 지급명세서 조회

: 손택스▶MY홈택스▶연말정산 간소화·지급명세서▶근로소득지급명세서 조회

○ 근로소득원천징수영수증/ 지급명세서 서식

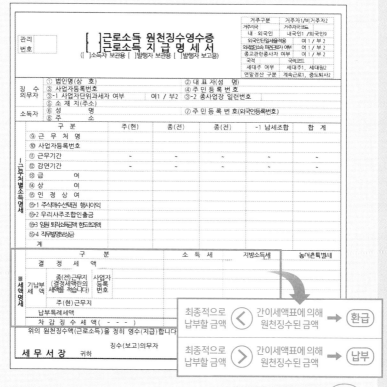

4. 근로소득자의 과세표준 및 세액 계산

1) 계산 구조

계산 구조	내용
총급여액	-
− 근로소득공제	-
= 근로소득금액	-
− 인적공제	본인, 배우자, 부양가족, 경로우대, 장애인, 부녀자, 한부모
− 연금보험료공제	국민연금, 공무원연금, 군인연금, 사립학교교직원연금, 별정우체국연금
− 특별소득공제	·보험료: 건강보험료, 고용보험료, 노인장기요양보험료 ·주택자금공제: 주택임차차입금 원리금상환액, 장기주택저당차입금 이자상환액
− 그 밖의 소득공제	주택마련저축공제, 신용카드 등 사용금액, 소기업·소상공인 공제부금 등
= 과세표준	-
× 기본세율	6~45% 세율
= 산출세액	-
− 세액감면 및 세액공제	·중소기업 취업자 소득세 감면 ·근로소득세액공제, 자녀세액공제, 연금계좌세액공제 ·특별세액공제(보험료, 의료비, 교육비, 기부금) ·월세액세액공제, 표준세액공제 등
= 결정세액	-
− 기납부세액	원천징수세액
= 차감징수세액	-

2) 공제 내역-인적공제

○ 인적공제란?

: 근로자 본인, 연간소득금액 100만 원(근로소득자만 있는 자는 총급여 500만 원) 이하인 배우자 및 생계를 같이 하는 부양가족(나이 요건 충족 필요, 장애인은 나이 제한 없음)에 대해 1명당 연 150만 원을 공제해 주는 제도

소득 요건 (소득금액 100만 원 이하)	이자·배당소득	·이자소득, 배당소득 = 금융소득금액 ·금융소득의 합계액이 2천만 원 이하로서 분리과세인 경우 인적공제 가능
	사업소득	·총수입금액-필요경비 = 사업소득금액 ·2,000만 원 이하의 주택임대소득만 있는 경우로 분리과세 신청분은 인적공제 가능
	근로소득	·총급여-근로소득공제 = 근로소득금액 ·근로소득만 있는 경우: 총급여 500만 원 이하

소득 요건 (소득금액 100만 원 이하)	기타소득	·총수입금액-필요경비= 기타소득금액 ·기타소득금액 300만 원 이하로서 분리과세로 선택한 경우 인적공제 가능
	연금소득	·총연금액-연금소득공제=연금소득금액 ·사적연금 1,200만 원 이하로서 분리과세로 선택한 경우 인 적공제 가능
	퇴직소득금액	퇴직급여액(비과세소득 제외)
	양도소득금액	(양도가액-취득가액-필요경비)-장기보유특별공제
나이 요건	직계존속	60세 이상
	직계비속 동거입양자	20세 이하
	형제자매	60세 이상, 20세 이하
	경로우대	70세 이상
추가공제	경로우대자	기본공제 대상자가 만 70세 이상인 경우 1명당 연 100만 원 공제
	장애인	기본공제 대상자가 장애인인 경우 1명당 연 200만 원 공제
	부녀자	배우자가 없는 여성으로서 기본 공제 대상 부양가족이 있는 세대주 또는 배우자가 있는 여성(종합소득금액 3천만 원 이 하)인 경우 연 50만 원 공제
	한부모	배우자가 없는 근로자로서 기본공제 대상자인 직계비속 또는 입양자가 있는 경우 연 100만 원 공제(부녀자 공제와 중복 시 한부모 공제만 적용)

3) 공제 내역-주택 관련 공제

o 주택 관련 공제란?

: 무주택 세대의 세대주로서 근로소득이 있는 거주자가 주택을 마련하기 위하여 주택청
약종합저축에 납입한 금액, 주택 임차를 위해 차입한 전세보증금 차입금의 원리금상환
액 및 주택 구입 시 차입한 장기주택저당차입금의 이자상환액, 월세지급액에 대한 공제

소득 공제	주택 자금	주택임차차입금 원리금상환액	·무주택 세대의 세대주(세대주가 주택자금소득공제를 받지 않는 경우 세대원 가능)가 국민주택규모의 주택을 임차하기 위하여 지급하는 주택임차차입금 원리금상환액
		장기주택저당차 입금 이자상환액	·무주택 세대 또는 1주택을 보유한 세대의 세대주(세대주가 주택자금소득공제를 받지 않는 경우 세대원 가능)가 취득 당시 주택의 기준 시가가 5억 원 이하인 주택을 취득하기 위 하여 지급하는 장기주택저당차입금 이자상환액
		주택마련저축	·무주택 세대(과세 기간 중 계속 무주택 상태를 의미)의 세 대주로서 해당 과세 기간의 총급여액이 7천만 원 이하인 자 가 주택청약종합저축에 납입한 금액
세액 공제		월세액세액공제	·무주택 세대의 세대주(세대주가 월세액세액공제 및 주택 자금공제를 받지 않는 경우는 세대원도 가능)로서 해당 과세 기간의 총급여액이 7천만 원 이하인 근로소득이 있는 거주자(종합소득금액이 6천만 원을 초과한 자는 제외)가 국민주택 규모의 주택(주거용 오피스텔, 고시원업 시설 포 함)을 임차하여 지급하는 월세액

4) 공제 내역-연금계좌세액공제

○ 연금저축 + 퇴직연금계좌세액공제

: 확정기여형퇴직연금계좌(DC형), 개인형퇴직연금계좌(IRP), 연금저축펀드, 연금저축, 연금저축보험 등 연금계좌에 납입한 금액의 12% 또는 15%를 공제

총급여액 (종합소득금액)	세액공제 대상 납입 한도 (연금저축 납입 한도)	세액 공제율
5,500만 원 이하 (4,500만 원)	900만 원 이하 (600만 원)	15%
5,500만 원 초과 (4,500만 원)		12%

*23년 귀속분부터 적용

○ 개인종합자산관리계좌(ISA)세액공제

: 계약이 만료되고 해당 계좌의 전부 또는 일부를 연금계좌로 납입한 경우 그 납입한 금액의 100분의 10에 해당하는 금액(300만 원 한도)의 12% 또는 15%를 공제

5) 공제 내역-특별세액공제

보험료	·근로소득이 있는 거주자가 해당 과세 기간에 보장성 보험의 보험 계약에 따라 공제 대상 보험료를 지급한 경우
의료비	·근로소득이 있는 거주자가 그 거주자와 기본 공제 대상자(나이 및 소득의 제한을 받지 않음)를 위하여 해당 과세 기간에 공제 대상 의료비를 지급한 경우
교육비	·근로소득이 있는 거주자가 그 거주자와 기본공제 대상자(나이의 제한을 받지 않음)를 위하여 해당 과세 기간에 공제 대상 교육비를 지급한 경우 ▶ 직계존속 교육비는 제외
기부금	·거주자가 해당 과세 기간에 지급한 기부금이 있는 경우 ▶ 법정기부금과 지정기부금: 본인과 기본 공제 대상자(나이 제한 없음)가 지출한 기부금 ▶ 정치자금기부금과 우리사주조합기부금: 본인 명의로 지출한 기부금만 공제

6) 감면 내역-중소기업 취업자 소득세 감면

감면 대상	15세~34세 이하 청년, 60세 이상인 사람, 장애인, 경력 단절 여성이 중소기업에 취업하는 경우 취업일로부터 3년간(청년 5년간) 근로소득세 70%(청년 90%) 감면(연간 150만 원 한도)
감면 신청 방법	감면 신청을 하려는 근로자는 '중소기업 취업자 소득세 감면신청서'에 병역 복무 기간을 증명하는 서류 등을 첨부하여 취업일이 속하는 달의 다음 달 말일까지 원천징수 의무자에게 제출하여야 함. 단, 퇴직한 근로자의 경우 해당 근로자의 주소지 관할 세무서장에게 감면 신청을 할 수 있으며, 감면 신청 기한 경과 후 감면신청서를 제출하더라도 감면을 적용받을 수 있음.

7) 공제별-나이 요건, 소득 요건

구분		공제 대상 요건		근로기간 지출한 비용만
		나이 요건	소득 요건	
특별소득공제	보험료	근로자 본인 부담분만 가능(건강·노인장기요양·고용보험료)		
	주택자금공제	-	-	○
그 밖의 소득공제	주택마련저축	세대주인 근로자 본인 불입분만 가능		
	신용카드 등	×	○	○
자녀세액공제		○	○	-
연금계좌세액공제		근로자 본인 불입분만 가능		
특별세액공제	보장성보험료	○	○	○
	의료비	×	×	○
	교육비	×	○	○
	기부금	×	○	×
표준세액공제		특별소득공제, 특별세액공제, 월세액세액공제를 신청하지 아니한 경우는 표준세액공제 13만 원을 공제		

2편_

203호 알바 천국 아가씨

가다아파트

세 달을 넘기기 말자!

　모두가 잠든 고요한 세벽, 오늘노 난 어떤 그림을 그릴지, 또 어떤 스토리를 구상할지 고민하고 있다. 어렸을 때부터 그림 그리는 걸 좋아했다. 그래서 대학에서 그림을 전공하였고, 사회

에 나와서도 그림만 그렸다. 다만 어쩌다 웹툰 작가의 꿈이 생긴 건지는 잘 모르겠다. 특별히 할 줄 아는 게 그림 그리는 것밖에 없어서 그랬던 건지···. 웹툰의 인기로 인생이 바뀐 스타 작가가 있다. 누구나 그 스타 작가가 나이기를 바라면서 그림을 그리고, 스토리를 구상할 것이다. 하지만 억대 연봉을 받는다고 알려진 작가는 극소수에 불과하다. 그 스타 작가가 되기 위해 다수의 무명작가는 마감 시간에 쫓겨 잠도 못 자고 손목이 나가도록 그림만 그리는 삶을 살고 있다. 매주 풀 컬러 70컷 이상을 만들어내야 하니 하루 10시간 이상, 주7일을 꼬박 그려도 시간이 부족하다. '앰뷸런스를 타본 적이 없다면 작가가 아니다'라는 웹툰 작가들 사이에서 자조 섞인 농담이 있을 정도이니···. 그러면서 과연 내가 해낼 수 있는 일인가를 고민하지만, 할 줄 아는 게 그림 그리는 것이고, 하고 싶은 이야기가 있는 걸 어쩌겠는가.

　잡념을 몰아내고 몇 시간 몰입해서 그림을 그렸더니 손목과 허리가 아프다. 잠깐의 휴식을 위해 펜을 내려놓는데, 마침 핸드폰 알림이 울린다. 403호 커피숍 사장님이 오늘 가게를 봐줄 수 있냐고 문자를 보내왔다. 다행히 다른 일이 없어 가능하다고 답장을 보냈다. 이후 SNS에 들어가 밀린 게시물을 확인한다. 수많은 게시물 중, 결혼한다는 글과 함께 샤넬백과 반지 사진을 올린 고등학교 동창 미경이의 게시물이 가장 눈에 띈다. 프러포즈를 받았나 보다. 요즘 프러포즈는 호텔에서 샤넬백과 반지를 받아야만 한다더니 내 친구도 그렇게 프러포즈를 받고 사진을 올렸다. SNS를 보지 않기로 다짐을 했건만 나도 모르게 습관적으로 보게 된다. 그리고 동시에 부러움과 질투심 섞인 마음이 나를 불편하게 한다. 그때 고교 동창 지현이로부터 온 전화가 적막을 깬다.

"꼭두새벽부터 무슨 전화야?"

"넌 이 시간에 깨어 있는 거 아니깐 전화했지. 미경이 SNS 봤어? 프러포즈 받았나 봐?"

"응. 봤어."

"샤넬백 얼마인 줄 알아?"

"몰라, 관심 없어."

"세상에, 우리 중에서 제일 늦게 시집갈 거 같은 애였는데 제일 먼저 샤넬백 받고 결혼하다니. 어떻게 이럴 수가 있니?"

"그러게. 가장 먼저 취직하더니 결혼도 먼저 하네."

"너도 이제 떠돌이 생활 그만하고 직장 구해."

"어디 얽매여서 일하는 거 싫다니까. 난 혼자서 북 치고 장구 치고 할거야. 이제 열정 페이는 싫어."

"네가 그림에 대한 열정이 넘치다 보니 악용한 거지. 모두 다 악덕 사장은 아냐."

"알아. 하지만 지금은 내가 필요할 때 일하고, 하고 싶은 거 하면서 지내고 싶어."

"언제까지 알바하면서 지낼 건데. 웹툰 작가 하고 싶다며."

"응. 웹툰 작가 할거야. 해야지. 그런데 아직은 시간이 필요해."

"그래. 물론 네가 알아서 하겠지만 재능 있는 친구가 재능 썩히고 있는 게 아까워서 그렇지."

"친구라도 내 재능을 알아봐 주니 고맙네."

"아, 그리고 전에 그림 그려주고 받아야 될 돈은 어떻게 됐어? 아직도 못 받은 거지?"

"그치. 아직도 못 받았지. 그런데 더 열 받는 건 돈도 못 받았는데 세금까지 냈다는 거야."

"뭐라고? 아니 돈도 못 받았는데 무슨 세금을 내?"

"몰라. 말하면 마음만 심란해져서 말 안 할래."

"진짜 무슨 그런 억울한 일이 다 있어. 듣고 있는 내가 다 열 받네."

"그러게 말이다. 꽃피는 청춘에게 사회는 무서운 정글 같아."

"그럼 돈은 도저히 받을 수 없는 거야?"

"모르겠어. 일단 고용노동부에 임금 체불로 신고하기는 했는데, 아직 결과는 안 나왔어."

"그 사장도 진짜 웃긴다. 돈 몇 푼 된다고 그걸 떼먹고 도망을 가냐."

"그러니까. 근데 나도 입금이 안 되면 계속하지 말았어야 했는데, 계속하기나 하고…. 사장 믿고 계속 한 내가 바보지. 뭐."

"사장이 계속 준다고 했다며, 준다고 했으니 믿고 일한 거지."

"사징님이 돈 구하려고 이리 뛰고 저리 뛰어 다니는데, 거기다 내 임금까지 달라고 모질게 할 수가 있어야지."

"그것도 널 속이려고 한 행동일 수 있어."

"그럴까? 그런데 그렇게까지 생각하지는 않을래. 그럼 세상이 너무 싫어질 듯해."

"아이고, 이 답답아. 그렇게 착해 빠졌으니까 매일 당하는 거 아냐. 조금은 이기적으로 살아도 된다고 내가 몇 번을 말하냐? 에휴, 그나저나 임금 체불은 그렇다 쳐도 세금 냈다는 얘기는 뭐야?"

"아, 며칠 전에 세무시에서 연락이 왔는데, 임금 체불은 회사와 나 사이의 채권 채무이고, 회사가 나에게 지급했다는 임금에 대해서는 종합소득세 신고·납부를 해야 된다네."

"무슨 그런 개뼈다귀 같은 소리가 있어. 돈을 받지도 않았는데 무슨 세금을 내!"

"진정해. 네가 왜 이렇게 흥분해."

"돈 못 받은 것도 억울한데 거기에 세금까지 냈다고 하니까 화가 나서 그렇지."

"화 낼 것도 없다. 그냥 세금을 낼 수도 있고 안 내게 될 수도 있대."

"무슨 소리야. 진짜. 얘가 아침부터 사람 헷갈리게 하네."

"알았어. 다시 설명할게. 임금 체불은 회사와 내가 해결해야 하는 개인적인 문제이고, 받은 임금 또는 받을 임금에 대해서는 종합소득세 신고·납부를 해야 된대. 그리고 추후에 임금 체불된 돈을 명백하게 받을 수 없게 된다면, 그때는 나의 소득이 아니어서 종합소득세 신고·납부를 하지 않아도 된다는 거지."

"그럼 아직 임금 체불 문제가 정리되지 않아서 세금 문제도 정리할 수 없다는 거야?"

"그건 아니고, 우선 받을 임금에 대한 종합소득세를 신고 기한 안에 신고해야지만 가산세 문제가 생기지 않는다고 해서 신고하고 세금을 납부한 거야. 그래서 세금 문제는 정리됐지. 이제 남은 건 임금 체불 문제밖에 없어. 이것도 얼른 해결해야지."

"세금을 내든 돌려받든 임금 체불 문제가 잘 좀 해결됐으면 좋겠다."

"그러게. 시간이 조금 걸리더라도 일단은 고용노동부의 결과 통지를 기다려봐야지."

"그래, 잘 해결될 거야. 그나저나 너 요새 골프 쳐?"

"아니. 내가 골프는 무슨. 왜?"

"골프 웨어 입은 사진 SNS에 올렸던데?"

"아, 그거 지난 주말에 골프 웨어 VIP 시사회 알바갔다가 올린 거야."

"지지배, 정말 알바 천국이다. 안 하는 알바가 없어. 그런데 호텔 행사나 골프 웨어 행사 같은 건 어떻게 알고 하는 거야? 나도 좀 소개해줘. 주말에 하는 거면 나도 좀 하게."

"SNS에서 큰 역할을 하는 알바인데 영업 비밀을 알려줄 수 없지. 그리고 회사도 다니면서 무슨 알바야. 주말에는 좀 쉬어."

"남친도 없는데 주말에 집에 있으면 뭐 하니. 알바라도 해야지. 게다가 요새 SNS에 올릴 사진도 없단 말이야."

"알바를 SNS에 사진 올리려고 하냐?"

"말이 그렇다는 거지. 겸사겸사 돈도 벌고 사진도 찍고. 아무튼 다음에 골프 웨어 행사장 가게 되면 나도 불러. 알겠지?"

"그 시간에 공부나 해. NFT 공부한다고 하지 않았어?"

"자꾸 엄마처럼 잔소리 할래? NFT 투자도 돈이 있어야 하지. 지금 받는 월급만으론 부족해. 그래서 회사 모르게 알바 몇 개 뛰면서 하려고. 아, 근데 알바는 세금 내는 거 없지?"

"알바도 세금 내는 거 있어. 동일한 고용주에게 3개월 이상 계속 고용되지 않으면 일용근로소득으로 신고가 돼."

"일용근로소득? 그건 세금을 얼마나 내는데?"

"하루 일당에서 15만 원까진 공제한 금액에 2.7%를 세금으로 떼."

"고작 2.7%? 그럴 거면 떼지를 말지. 완전 벼룩의 간을 빼먹는 꼴이구먼."

"그래도 이렇게 세금을 내야 납세의 의무가 종결돼서 연말 정산 및 종합소득세 신고 대상에 해당하지 않게 돼. 나중에 귀찮아지는 것보다 나은 거지."

"얼씨구, 알바 전문가답게 세금에 대해서도 잘 아네. 아무튼 다음에 나랑 같이 가는 거다. 알겠지?"

"알았어. 나 이제 부모님 가게에 일하러 가야 해. 다음에 알바 자리 나오면 그때 연락줄게."

"그래. 꼭 연락해줘."

그렇게 통화를 마친 뒤, 부모님 가게에 갈 준비를 한다. 부모님은 빵집을 운영하고 계신다. 새벽에 나가셔서 아빠는 빵을 굽고, 엄마는 아빠 곁에서 일을 도와주신다. 성실히 일하시는 부모님의 모습을 보고 있으면, 나 역시 게을러질 수가 없다.

빵집에 가서 갓 나온 빵들을 진열하고 403호 사장님의 커피숍으로 갔다. 나도 알바생이지만 왜 갑자기 펑크를 내는 건지 모르겠다. 안 가도 그만이라고 생각을 해서인지, 이유는 잘 모르겠지만 알바 구하기 힘들다는 사장님과 할 만한 알바 자리가 없다는 알바생들 간에 간극이 있는 거 같다. 커피숍의 출입문을 열고 안으로 들어가자 303호 현우 오빠가 앉아 있다.

"오빠 여기서 뭐 해? 배달하러 안 가?"

"몇 시야?"

"11시. 이제 준비해야 하는 거 아냐?"

"맞아. 이제 가서 준비해야지. 오늘 여기서 일해?"

"응. 알바생이 오늘 갑자기 못 나온다고 해서 땜방."

"또? 알바 때문에 사장님 머리 아프시겠다. 오늘은 무슨 이유로 못 나온대?"

"할머니가 아프시다고 하나 봐. 참 착한 손녀지."

"그러게…. 정말 아프신 거 맞겠지?"

"맞다고 생각해야 사장님 정신 건강에 좋지 않을까?"

"그렇지. 난 이제 일하러 가야겠다. 사장님께 커피 잘 마셨다고 전해줘. 너도 고생하고."

"응. 오빠도 고생해."

303호 현우 오빠가 가고, 커피 생두를 볶고 있는 사장님에게 갔다. 커피 생두는 품질이 매번 다르기에 최적의 맛을 찾기 위해서는 가스 불을 잘 조절해 가며 볶아야 한다. 가게 구석에 있는 작은 작업장에서 땀을 흘리며 생두를 볶고 있는 사장님이 보인다. 항상 최선을 다해 생두를 볶는 사장님의 모습을 볼 때면, '어떤 일을 좋아하고 그 일에 열정을 다한다는 게 저런 모습이 아닐까?' 하는 생각이 든다. 과거에는 나도 열정을 다해 밤을 새며 그림을 그렸다. 하지만 즐기는 마음으로 그리지는 못했다. 그림을 그리면 그릴수록 내가 왜 이것까지 그려야 하는 건지 불만이 쌓여갔고, 그림을 돈으로 환산하려는 마음이 커지면서 즐기지 못하게 된 것 같다. 부디 지금 도전하고 있는 웹툰 작가 일은 즐기면서 하는 일이 되었으면 좋겠다.

"유진이 왔어? 오늘 도와줘서 정말 고마워."

"아니에요. 오늘 다행히 다른 일이 없었어요. 그나저나 사장님, 이쯤 되면 정말 알바생 바꿔야 하는 거 아니에요? 갑자기 못 나온다고 한 게 벌써 몇 번째에요!"

"나오지 말라고 하고 싶어도 당장 다른 알바생 구하기가 어려워서 어쩔 수가 없어."

"제가 사장님 커피숍에 취직해야겠어요."

"하하하. 말이라도 고마워. 내가 유진이랑 현우 도움을 많이 받네. 현우는 갔어?"

"네. 커피 잘 마셨다고 전해달라 하고 갔어요. 그런데 현우 오빠 표정이 어두워 보이던데, 무슨 일 있대요?"

"아, 다른 게 아니고 일본어 번역 일이 들어왔는데, 아직도 힘든가 봐."

"에휴, 저나 오빠나 첫 취업 신고식을 호되게 하네요."

"그러게 말이야. 그래도 이겨내야지. 과거 일에 얽매여서 앞으로 나가지 못하면 안 돼."

"저한테도 하는 말씀 같으신데요?"

"열심히 사는 두 청춘이 힘들어서 안타까운 마음이 커. 너희한테 말은 안 했지만 사실 나도 엄청나게 괴롭고 힘들었던 가슴 아픈 세금 사연이 있거든."

"네? 사장님도 세금 문제가 있으셨어요?"

"아주 뼛속까지 아픈 사연이 있지. 무슨 사연인지 듣고 싶으면 가끔 알바하러 와줘."

"뭐예요. 사장님. 드라마 '다음 회에 계속'도 아니고. 그러지 말고 조금만 얘기해 주시면 안 돼요?"

"하하하. 그러고 싶지만, 오늘은 납품해야 할 거래처가 많아서 얘기해 줄 시간이 없네."

"알겠어요. 사연이 궁금하지만 잘 참고 있을게요. 조심히 다녀오세요."

"고마워. 유진이 네 덕분에 거래처와 약속한 시간을 지킬 수 있게 됐어. 그럼 다녀올 테니 가게 잘 부탁해."

"네. 운전 조심해서 하시고요."

이후 사장님은 각종 원두를 챙겨 거래처와의 약속 장소로 가셨다. 한편 따뜻한 아메리카노를 마시며 손님 맞을 준비를 하고 있는데, 카카오톡에 국세청으로부터 종합소득세 신고 안내 메시지가 도착했다. 곧바로 어떤 내용인가 싶어 메시지를 확인해 보지만, 무슨 내용인지 전혀 모르겠다. 나중에 703호 할머니께 여쭈어봐야지.

분리과세가 뭐예요?

갓 나온 빵 냄새가 가게 안을 가득 채운다. 아빠와 엄마는
이른 새벽부터 가게에 나오셔서 그날 판매할 빵을 만드신다. 몸
에 좋고 맛도 좋은 빵을 만들고자 노력하는 아빠와 그 옆에서

응원하며 일을 도와주는 엄마의 모습을 보고 있으면 흐뭇하다. 늦은 시간까지 그림을 그린 탓에 몸은 피곤하지만 부모님이 정성스레 만든 갓 나온 빵을 포장하고 진열하는 이 시간이 좋다.

가게 출입문 위에 붙어 있는 작은 종이 '딸랑'거리며 소리를 낸다. 703호 할머니께서 빵을 사러 가게 안으로 들어오셨다.

"안녕하세요."

"아, 유진 씨구나. 부모님 도와드리러 나와 있는 거예요?"

"네. 오늘 주문량이 많아 부모님이 바쁘다고 하셔서요."

"정말 착한 딸이야. 요새 부모님 일 도와주는 젊은이도 많이 없던데…."

"하하하, 착한 딸은 아니고 그냥 시간 많은 딸이라서 도와드리는 거예요. 아, 맞다. 어르신! 혹시 저랑 잠깐 이야기 나누실 시간 있으세요?"

"그럼요. 시간 괜찮아요. 무슨 일 있어요?"

"그건 아니고, 어제 국세청에서 모바일 안내문이 왔는데 무엇을 하라는 건지 모르겠어서요."

"그래요? 어떤 내용인지 볼까요?"

어제 국세청으로부터 받은 카카오톡 메시지를 703호 할머니에게 보여드렸다.

"종합소득세 신고 안내이네요. 작년에 기타소득이 발생하였고, 기타소득금액이 300만 원을 초과해서 종합소득세 신고를 하라는 내용이에요."

"기타소득이 뭐예요?"

"일시적·우발적으로 발생된 소득을 말해요. 혹시 일회성으로 일을 한 곳이 있나요?"

"네. 작년에 그림을 그려 달라고 한 곳이 여러 군데 있어서 그림을 보낸 게 있어요."

"그럼 그림을 그려주고 받은 금액이 모두 합해서 1,000만 원 이상이었고, 그에 따른 기타소득금액이 300만 원을 넘었나 봐요. 그래서 종합소득세 신고를 하라는 거예요."

"어렵네요. 기타소득금액이 정확히 뭐예요?"

"기타소득금액이란 총수입에서 경비를 뺀 금액을 말해요. 예를 들어 작년에 그림을 그려주고 받은 돈이 모두 합쳐서 1,000만 원이라고 한다면, 그 금액에서 필요경비로 소득의 60%인 600만 원을 빼고 남은 금액인 400만 원을 기타소득금액이라고 하는 거죠."

"아, 그렇구나. 그런데 제 기억으로는 돈을 받으면서 세금을 다 냈던 거 같은데요?"

"맞아요. 돈을 받으면서 세금을 제외한 금액을 받았을 거예요. 그걸 바로 원천징수라고 해요. 보통 근로소득은 간이세액표에 의해 세금을 떼고, 기타소득은 필요경비를 뺀 금액인 기타소득금액에서 지방세를 포함하여 22%를 원천징수하죠."

"그렇다면 기타소득자는 총수입에서 필요경비를 다 빼주는 건가요?"

"꼭 그렇지 않아요. 필요경비는 어떤 소득을 얻으면서 불가항력적으로 쓰여 지는 경비를 말해요. 만약 유진 씨처럼 그림을 그려주고 소득을 얻는다면, 그림을 그리는데 쓴 재료비를 일일이 경비로 빼는 것이 어려우니 대략적인 금액으로 필요경비 60%를 공제해 주는 거예요. 하지만 집을 매도하기로 하고 계약금을 받았는데 매도자나 매수자에 의해 계약이 파기되어 계약금이 누군가의 수익이 된다면, 그 수익에 들어간 실제 경비만 인정이 되죠. 이처럼 어떤 기타소득이냐에 따라 필요경비가 달라져요. 또 필요경비에 대해서는 일반인이 모든 것을 알 수가 없기 때문에, 돈을 받으면서 기타소득원천징수영수증을 달라고 하면 돼요. 그럼 기기에 어떤 필요경비를 적용받았는지 전부 적혀 있거든요."

"기타소득원천징수영수증이요?"

"네. 돈을 지급하는 곳에서 누구에게, 무슨 소득을 얼마나 지급했으며, 세금은 얼마를 떼었는지 등을 보여주는 서류에요. 기타소득지급명세서라고도 하죠."

"그런 서류가 있는지 전혀 몰랐어요. 그런데 제 성격상 돈을 받으면서 기타소득원천징수영수증까지 달라고는 못 할 거 같아요. 뭔가 번거롭게 만드는 건 아닐까 싶어서…."

"그런 걱정은 하지 않아도 돼요. 원천징수영수증은 원천징수 의무자가 소득자에게 발행해 주는 거여서 부담 없이 요청해도 돼요. 또 원천징수영수증을 받기가 어렵다면 국세청 홈택스에서 본인이 확인할 수 있는 방법이 있어요. 다만 홈택스를 이용한 확인 방법은 원천징수 의무자가 지급명세서를 제출하는 법정 기한이 있어서 그 이후에나 확인할 수 있죠."

"법정 기한이 언제인데요?"

"소득 종류마다 다르지만, 보통 지급일에 속하는 과세 기간의 다음 연도 2월 말일에서 3월 10일까지예요."

"그렇다면 돈을 받고 바로 확인할 수는 없는 거네요?"

"네. 근로소득자는 회사에서 근로소득원천징수영수증을 쉽게 받지만, 기타소득과 사업소득자는 원천징수 의무자에게 받기 곤란한 경우가 많다고 하더라구요."

"똑같이 일한 건데 누구는 주고, 누구는 안 주고 하면 안 되죠! 다음에 필요하게 되면 당당하게 요청해 봐야겠어요."

"그럼요. 원천징수영수증 요구는 당연한 권리니까 당당히 요구해도 돼요."

"네. 당당하게 요구할게요. 그런데 아까 하신 말씀 중에서 기타소득의 세율이 22%라고 하셨잖아요. 이거 세율이 높은 거 아닌가요? 3.3% 얘기를 많이 들었는데, 그거와 차이가 많이 나는 것 같아서요."

"세율 22%만 들으면 그런 수도 있는데, 필요경비를 제외한 금액의 22%이기 때문에 필요경비 60%가 인정되는 소득이면 수입금액에 8.8%가 돼요. 말씀하신 3.3%는 인적용역 사업소득의 세율을 말하는 건데, 사업소득은 필요경비를 제외하지 않는 수입금액에 3.3%를 적용하여 원천징수하는 것으로 결과적으로 봤을 땐 세율 차이가 많이 나지 않아요."

"그래도 8.8%보단 3.3%가 낮으니깐 더 좋은 거 아니에요?"

"세율만 보면 그렇긴 하지만 본인이 낮은 세율을 선택하고 싶다고 해서 선택할 수 있는 게 아니에요. 소득은 계속 반복적으로 용역 제공을 하는 것이냐에 따라 달라져요. 만약 회사에서 기타소득으로 신고를 했는데 세무서에서 소득을 분석해 보니 기타소득이 아닌 사업소득이라고 판단할 수도 있는 거죠. 이렇듯 소득의 구분은 중요하고 실질 판단을 해야 하는 상황이 될 수도 있어요."

"정말 복잡하네요. 그냥 다 일괄적인 세율을 적용하면 좋을 텐데…"

"그러게요. 세금이 단순하면 참 좋으련만 복잡한 경제만큼이나 어렵고 복잡하죠."

"네. 그래서 어떻게 해야 하는지 더 헷갈리는 것 같아요. 일단 저의 경우에는 종합소득세 신고를 해야 되는 게 맞는 건가요?"

"네. 기타소득금액이 300만 원을 넘었기 때문에 종합소득세 신고를 해야 돼요. 우선 일 년 동안의 기타소득을 모두 합산하고, 그 합산된 소득에서 필요경비를 뺀 뒤, 인적공제 등 공제금액을 공제하면 돼요. 그러면 공제 항목을 토대로 세율을 적용하는데, 추가 납부가 나올지 환급이 나올지는 신고를 해봐야지 알 수 있어요."

"잠시만요! 그럼 기타소득금액이 300만 원 넘지 않았다면 신고할 필요가 없는 거예요?"

"네. 그럴 경우에는 신고하지 않아도 돼요. 기타소득금액이 300만 원 이하이면 분리과세를 선택할 수 있거든요. 여기서 분리과세는 세금을 원천징수하는 걸로 납세의 의무가 종결되는 걸 말해요. 따라서 분리과세로 종결하고자 한다면 신고를 안 해도 되는 거죠."

"신고를 안 해도 되는 거면 안 하는 게 좋은 거 아니에요?"

"아무래도 신고하는 게 번거롭기 때문에 그냥 세금 떼는 걸로 끝나는 게 편할 수도 있어요. 하지만 기타소득금액이 300만 원 이하여도 종합소득세 신고를 통해 환급을 받는 경우도 있죠. 방법만 알면 간단하게 신고해서 환급을 받을 수 있는데, 대부분 세금을 몰라서 손해를 보는 경우가 많아요. 아마 종합소득세 신고를 하면 세금을 내야 된다는 생각에 신고에 대한 두려움이 있는 거 같아요."

"맞아요. 사실 저도 종합소득세 신고 안내문을 받고, 세금을 얼마나 내야 되는 건지 걱정부터 했어요."

"그럴 수 있어요. 아무래도 국세청이라는 곳이 세금을 징수하는 곳이니까요. 하지만 국세청은 세금 징수뿐만 아니라 여러 이유로 발생하는 환급금을 지급하는 일도 하고 있어요."

"그렇군요. 환급을 해준다는 건 전혀 몰랐어요. 그럼 종합소득세를 신고해서 환급을 받을 수 있다면 신고를 하는 게 낫겠네요?"

"그럼요. 당연히 신고하는 게 낫죠. 보통 우리는 물건을 살 때 최저가를 검색하면서 조금이라도 싸게 사려고 시간을 들이잖아요. 이처럼 내가 당연히 받을 수 있는 환급금에 대해 조금이라도 알아보고 종합소득세 신고를 한다면, 헛된 노력이 되지는 않을 거예요. 뭐든지 처음이 어렵고 알고 나면 쉽잖아요."

"맞아요. 뭐든 처음이 어려운 법이죠. 아, 어르신 이제 종합소득세 신고를 해야 하는 건 알겠는데, 무엇을 신고해야 하는 건지는 아직 잘 모르겠어요. 조금만 더 알려주실 수 있나요?"

"그럼요. 일단 신고는 간단해요. 먼저 기타소득을 합산한 총수입금액에서 필요경비를 빼고 공제 항목을 공제해 주면 돼요. 다만 유진 씨처럼 기타소득만 있는 경우에는 근로자와 달리 공제 항목이 많지가 않아요. 소득공제로는 인적공제, 연금보험료공제, 그 밖의 소득공제가 있고, 세액공제에는 자녀·연금계좌·기부금세액공제, 표준세액공제가 있죠."

"미혼인 제가 받을 만한 공제가 있을까요?"

"연금계좌·기부금세액공제가 가능해요. 이때 기부금세액공제의 경우에는 이월이 가능한데, 많은 분들이 모르고 있죠. 이처럼 아는 만큼 공제를 받을 수 있으니 놓치지 말고 공제를 받아야 해요."

"네. 놓치지 않도록 신고할 때 주의해서 볼게요. 그런데 제 나이에도 연금에 관심을 가져야 하나요?"

"물론이죠. 연금계좌 준비는 빠르면 빠를수록 좋아요. 복리 효과를 최대한 누릴 수 있는 수단이기에 늦어도 30대부터는 소액이라도 일정금액을 불입하는 게 좋죠."

"그렇군요. 연금은 아직 먼 미래라고 생각했는데, 지금부터라도 연금계좌에 관심을 가지도록 해야겠어요."

"그래요. 연금계좌로 노후 준비뿐만 아니라 세제 혜택까지 잘 활용해 봐요. 연금계좌를 이용하면 재테크와 세테크가 동시에 가능하니 여러모로 도움이 될 거예요."

"네. 연금계좌공제도 잘 이용해 볼게요. 아, 그리고 어르신공제는 제가 선택할 수 있는 거지만, 소득은 회사에서 신고하는 거니 바꿀 수가 없는 거죠?"

"네. 돈을 지급하는 자는 누구에게 무슨 소득을 얼마 지급했다고 신고를 하게 돼요. 이를 지급명세서라고 하는데, 매년 2월 말에서 3월 10일까지 소득 구분에 따라 이자·배당·사업·근로·기타·연금소득시급명세서를 세무서에 제출해야 하죠. 그리고 이때 제출한 지급명세서를 토대로 종합소득세 신고를 하기 때문에 소득을 바꿀 수가 없어요."

"그러면 만약 회사에서 지급명세서상의 소득을 과다 신고했거나 아예 신고를 안 하면 소득이 잘못되는 거 아닌가요?"

"물론 그런 상황이 발생할 수도 있지만, 내가 받은 금액보다 과다하게 소득 신고가 되어 있다면 세무서에 소득 부인 신청을 하면 돼요. 그러면 세무서에서 소득을 지급한 곳에 지급액에 대해 확인을 하죠. 또 내가 받은 금액이 세무서에 신고가 안 되어 있다면, 지급명세서 미제출 신고를 할 수 있어요. 이렇듯 억울하게 세금을 내는 상황이 발생하면 안 되고, 소득 발생은 세금뿐만 아니라 건강보험에도 영향을 미치기에 내 소득이 맞는지 꼭 확인할 필요가 있어요."

"억울하게 세금을 내면 안 되죠. 앞으로는 꼭 확인하도록 해야겠네요. 저, 어르신 한 가지만 더 여쭤봐도 될까요?"

"그럼요. 뭔가요?"

"저의 경우 그동안 근로소득자였다가 작년에 처음 기타소득이 발생하게 된 건데, 저처럼 갑자기 기타소득이 발생하는 사람도 있나요?"

"네. 기타소득은 일시적·우발적으로 발생하는 소득으로 다른 주 소득원이 있으면서 일시적으로 발생되는 경우가 많아요. 그래서 다른 소득과 합산해서 신고를 해야 되는 경우가 많죠.

예를 들어 유진 씨의 아버님이 집을 팔려고 계약금 천만 원을 받았는데, 집을 사려고 한 사람이 계약을 파기해서 계약금 돌려주지 않게 되면, 그 계약금은 유진 아버님의 기타소득이 되는 거예요. 그래서 빵집 사업소득과 기타소득을 합산해서 종합소득세 신고를 해야 하죠."

"이제 이해가 명확하게 되네요. 그런데 기타소득이라는 게 항상 발생하는 소득이 아닌 만큼 종합소득세 신고 기한을 놓칠 수도 있을 것 같아요."

"맞아요. 어쩌다 가끔 발생하는 소득이기도 하고, 원천징수로 납세 의무가 종결되는 분리과세인 경우가 많아서 세금을 냈는지도 모르는 경우가 많죠. 따라서 소득이 발생했는데 이자·배당·사업·근로·연금소득이 아니라면 무슨 소득인지를 반드시 확인해 보고, 기타소득도 종합소득세의 한 세금이라는 것을 항상 상기하고 있어야 해요."

"소득에는 꼬리표가 있다는 거네요?"

"정답이에요. 이건 무슨 소득, 저건 무슨 소득, 이렇게 꼬리표가 있죠."

"앞으로는 꼬리표에 맞게 소득 신고를 하면 되겠네요. 5월에 한 번 해볼게요."

"그래요. 유진 씨는 젊어서 금방 할 수 있을 거예요. 다만 서면으로 직접 신고서를 작성하는 건 어렵기 때문에 인터넷 홈택스나 모바일 앱 손택스를 이용하는 걸 추천해요. 손택스 앱을 열어 보면 신고·납부 항목에 종합소득세 모두채움 신고가 있어요. 몇 번의 클릭만으로 기타소득지급명세서가 불러와지고 신고도 되니, 어렵지 않게 하실 수 있을 거예요."

"감사합니다. 바쁘실 텐데 자세히 알려주셔서 정말 많은 도움이 되었어요. 감사의 의미로 오늘 빵은 제가 선물로 그냥 드릴게요."

"호호호, 그래요. 빵 잘 먹을게요. 도움이 필요하면 언제든지 연락하고요."

"네. 정말 감사합니다."

한 번도 해 보지 않은 세금 신고를 과연 내가 잘할 수 있을까? 703호 할머니에게 많은 것을 배웠지만, 솔직히 겁이 난다. 하지만 직접 종합소득세 신고를 하는 것 말고 방법이 없으니 어쩔 도리가 없다. 그래! 까짓것 한 번 해 보는 거다. 해 보자!

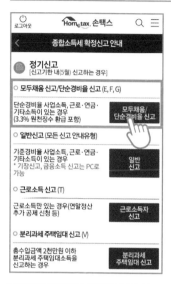

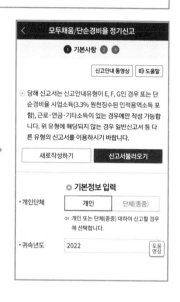

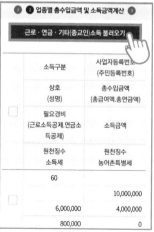

나는 기타소득자입니다.

1. 기타소득금액

1) 계산 구조

계산 구조		내용
총수입금액		–
–　필요경비	원칙	총수입금액에 대응하는 비용으로써 일반적으로 용인되는 통상적인 것의 합계액(실제 소요된 필요경비)
	필요경비 의제	MAX[실제 소요된 필요경비, 총수입금액×일정률] 다수가 순위 경쟁하는 대회에서 입상자가 받는 상금 및 부상 ▶ 일정률 80% ·문예, 학술, 미술, 음악 또는 사진에 속하는 창작품 등에 대한 원작자로서 받는 원고료, 인세 등의 소득 ·인적용역을 일시적으로 제공하고 지급받는 대가 ▶ 일정률 60%
= 기타소득금액		–

2) 원천징수세율

구분	원천징수세율
일반적인 기타소득	기타소득금액×20%
연금계좌에서 다음에 해당하는 금액을 연금 외 수령하여 기타소득으로 과세하는 경우 ·세액공제를 받은 연금 납입액 ·연금계좌의 운용 실적에 따라 증가된 금액	기타소득금액×15%
계약의 위약·해약으로 인한 위약금·배상금 중 계약금이 위약금·배상금으로 대체되는 경우	원천징수 없음

3) 신고 방법

손택스 〉 신고·납부 〉 종합소득세

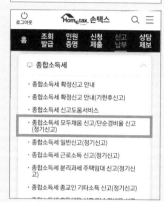

종합소득세 모두채움 신고/단순경비율 신고(정기 신고)

모두채움/단순경비율 정기신고

❶ 기본사항 ❷ ❸

[신고안내 동영상] [◀️ 도움말]

⊙ 당해 신고서는 신고안내유형이 E, F, G인 경우 또는 단순경비율 사업소득(3.3% 원천징수된 인적용역소득 포함), 근로·연금·기타소득이 있는 경우에만 작성 가능합니다. 위 유형에 해당되지 않는 경우 일반신고서 등 다른 유형의 신고서를 이용하시기 바랍니다.

[새로작성하기] [신고서불러오기]

⚙ 기본정보 입력

* 개인단체   [개인]   단체(종중)

기타소득 내역 확인

소득구분	사업자등록번호 (주민등록번호)
상호 (성명)	총수입금액 (총급여액.총연금액)
필요경비 (근로소득공제.연금소득공제)	소득금액
원천징수 소득세	원천징수 농어촌특별세
60	
	10,000,000
6,000,000	4,000,000
800,000	0

환급세액 확인

❶ ❷ 업종별 총수입금액 및 소득금액계산 ❸

㉟ 총결정세액   150,000 원

(44) + (45)

㊱ 기납부세액

중간예납세액   0 원

원천징수세액 [입력하기]

    800,000 원

㊲ 납부할 세액 또는   -650,000 원
환급받을 세액

---

2. 계약의 위약·해약으로 인한 위약금·해약금

1) 계산 구조

계산 구조		매도자가 계약을 해약한 경우	매수자가 계약을 해약한 경우
	총수입금액	위약금은 매수자의 기타소득	계약금은 매도자의 기타소득
−	필요경비	부동산 매매 거래와 관련하여 지급한 중개 수수료 등 실제 소요된 경비	
=	기타소득금액	−	−

2) 원천징수

매도자가 계약을 해약한 경우	매수자가 계약을 해약한 경우
·매도자가 매수자에게 위약금을 지급하면서 20% 원천징수함 ▶ 원천징수이행상황신고서 신고 및 기타소득 지급명세서 제출	·계약금이 위약금으로 대체되어 매수자가 매도자에게 지급하는 금액이 없으므로 원천징수 없음

3) 원천징수 신고 방법

손택스 〉 신고·납부 〉 원천세

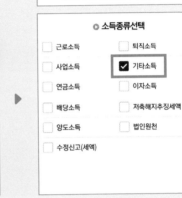

원천세 정기 신고 〉 기타소득

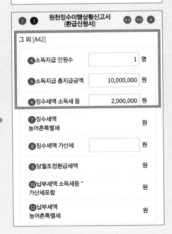

기타소득 〉 그 외 [A42]에 입력

원천징수이행상황신고서

4) 기타소득지급명세서 제출 방법

손택스 〉 신청·제출 〉 지급명세서 제출

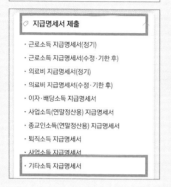

지급명세서 제출
· 근로소득 지급명세서(정기)
· 근로소득 지급명세서(수정·기한 후)
· 의료비 지급명세서(정기)
· 의료비 지급명세서(수정·기한 후)
· 이자·배당소득 지급명세서
· 사업소득(연말정산용) 지급명세서
· 종교인소득(연말정산용) 지급명세서
· 퇴직소득 지급명세서
· 사업소득 지급명세서
· 기타소득 지급명세서

기타소득지급명세서

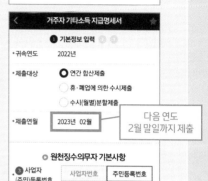

소득 구분 코드: 필요경비 자동 계산

기타소득지급명세서(원천징수영수증)

4. 일용근로소득

구분	근로소득	일용근로소득
개념	특정 고용주에게 계속하여 고용되어 지급받는 급여	특정 고용주에게 계속하여 고용되어 있지 아니하고 일급 또는 시간급 등으로 받는 급여
특징	근로계약상 근로 제공에 대한 시간 또는 일수나 그 성과에 의하지 아니하고 월정액에 의해 급여를 지급받는 경우	근로를 제공한 날이나 시간에 따라 근로 대가를 계산하거나 근로를 제공한 날 또는 시간의 성과에 따라 급여를 계산하여 지급받음

구분	근로소득	일용근로소득
원천징수 세액 계산	근로소득간이세액표의 세액	[일급(비과세소득 제외)-15만 원]×6% ×[1-55%(근로소득세액공제)]
연말정산	연말정산 대상	연말정산 대상에 해당되지 아니함 ▶원천징수로 납세 의무 종료

1) 계산 구조

	계산 구조	내용
	총지급액	-
−	근로소득공제	일 15만 원
=	일용근로소득금액	-
×	세율	6%
=	산출세액	-
−	근로소득세액공제	산출세액의 55%
=	결정세액	-

2) 일용근로소득지급명세서

손택스 〉 MY홈택스(개인) 〉 복지이음 〉 본인 소득내역 확인(근로·인적용역)	일용근로소득지급명세서 (원천징수영수증)

 ▶

5. 소득 미신고 및 과소 신고된 경우

손택스 〉 신청·제출 〉 복지이음 〉 본인
소득내역 확인·정정

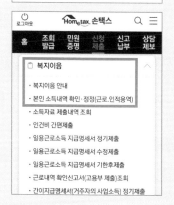

본인 소득내역 확인 후 미제출·허위제출
신고

본인 소득내역 확인·정정

- 사업자가 제출한 근로·인적용역에 대한 소득내역(일용·
  간이지급명세서·사업장제공자등의 과세자료 제출명세서)을
  확인할 수 있습니다.

- 소득내역이 사실과 다른 경우 근로부인 신청할 수 있습니
  다.
  신청내용은 담당자의 확인을 통해 최종 처리됩니다.

근로부인(제출내역 변경) 처리결과 조회	지급명세서 미제출· 허위제출 신고

* 귀속연도 · · · 2023

월

* 소득자료 종류 · · · 일용근로소득 지급명세서 ∨

지급명세서 미제출·허위제출 신고

미제출·허위제출 신청서 작성

3편_

303호 배민 청년

가다아파트

N잡러가 대세!

헨드폰의 진동이 요란하게 울린다. 잠결에 발신자를 확인해
보니 대학 동기인 준호의 전화이다. 너무 졸려서 안 받으려고
했지만, 계속 울리는 진동에 급한 일인가 싶어 전화를 받았다.

"이 새벽에 무슨 전화야?"

"새벽은 무슨, 지금 아침 9시야."

"아침 9시여도 나한테는 한밤중이야. 어제 동대문 시장에 갔다가 5시에 들어 왔다구."

"뭐야. 너 아직도 도매 시장에서 일본으로 옷 보내는 일 하고 있는 거야? 그거 돈도 안 된다면서 왜 계속하고 있어."

"돈 보고 하는 게 아니라 일본에 있는 친구한테 빚이 있어서 하는 거야. 네가 의리를 아냐?"

"그치, 친구는 의리지. 너 말 한 번 잘했다. 친구야, 친구 좋다는 게 뭐냐. 나 좀 살려줘."

"얘가 갑자기 왜 이래. 뭐야, 무슨 일인데?"

"이번 주까지 보내야 하는 서류가 있는데, 번역해 주던 프리 랜서가 갑자기 연락이 안 돼."

"뭘 번역해야 하는 건데?"

"일본 회사와 무역 계약 관련 서류야."

"뭐? 무역? 야, 무역 관련해서는 이제 쳐다도 안 본다."

"알지. 그런데 내가 오죽 급하면 알면서도 너한테 이런 부탁을 하겠니. 친구야, 이번 한 번만 번역 좀 해줘. 일본어 잘하면서 무역 용어까지 아는 사람이 너밖에 없어서 그래."

"다른 사람 알아보면 안 돼? 일본어 번역을 안 한지 오래됐기도 하고, 이래저래 좀 부담스러워."

"전혀 부담 갖지 않아도 돼. 너라면 충분히 할 수 있는 수준의 번역이야."

"사실 자신도 없어. 그리고 번역할 시간도 없고."

"시간 걱정은 하지 마. 내가 회사에 말해서 기한 연장해 달라고 할게. 금액도 배달하는 것보다 훨씬 더 잘 쳐주고."

"금액 문제가 아니라 진짜 자신이 없어서 그래."

"일본 무역 회사에 대해 알아보는 정도의 번역이야. 제발 한 번만 도와주라."

"에휴, 알았어. 번역할 거 메일로 보내봐."

"역시 넌 의리 있는 친구야. 정말 고맙다. 바로 메일 보낼게."

일본어 번역을 안 한 지 2년이 되어 가는 거 같다. 애써 외면하고 살았는데, 떠올리고 싶지 않았던 기억이 되살아난다.

2021년 9월 금요일

회사에 출근하는 내내 심장이 빠르게 요동을 친다. 남들에게는 기분 좋은 금요일이지만 나에게는 최악의 하루가 될지도 모르는 날이기 때문이다. 오늘 회사에서 나에 대한 징계위원회가 열린다. 떨리는 마음이 쉬이 진정되지 않은 채, 문을 열고 사무실 안으로 들어간다. 적막함이 감도는 사무실, 저 멀리 내 옆자리 짝꿍인 주임님이 보인다.

"주임님, 저 이제 어떡해요?"

"일단 회사의 방침을 기다려 봐야죠."

"제가 일부러 그런 게 아니라는 거 주임님도 잘 아시잖아요."

"알죠. 그래서 더 안타까워요. 아, 한 가지 다행인 건 본사에서 재발 방지 차원으로 징계위원회를 여는 거라고 해요. 그러니 너무 걱정하지 말아요."

"그래도 너무 떨려요. 주임님, 혹시 같이 가주실 수 없을까요? 혼자서는 아무것도 못할 것 같은데…."

"나도 그렇게 해 주고 싶은데, 사건 당사자들만 참석하라는 지시가 있었어요."

"제가 왜 사건 당사자예요. 저는 너무 억울해요."

"회사 규정이라 어쩔 수가 없네요. 징계위원회에서 잘 얘기해 봐요."

"부장님과 과장님은 모든 게 제 잘못이라고 말씀하시잖아요. 저 혼자 이 싸움을 이겨낼 자신이 없어요."

"도와주지 못해 미안해요. 잘 해결되길 기도하고 있을게요."

그렇게 주임님과의 짧은 대화를 끝으로 징계위원회가 열리는 장소로 이동하였다. 그리고 시작된 악몽 같은 시간.

"지금부터 징계위원회를 시작하겠습니다. 먼저 사건 개요를 말씀드리겠습니다. 우리 회사는 해외에 물품을 수출하는 법인 회사로, 그동안 부가가치세와 법인세 등 각종 세금에 대해 성실하게 납세의 의무를 이행해 왔습니다. 그런데 지난 2021년 1기 부가가치세 신고를 진행할 때 직원의 실수로 신고해야 하는 금액보다 적게 신고하게 되었고, 그로 인해 가산세를 부과받게 되었습니다. 이후 가산세 부과는 부당하다는 불복청구를 제기

하였지만, 우리의 청구는 받아들여지지 않았고, 결국 가산세를 납부하였습니다. 이는 관리에 조금만 더 주의를 기울였다면 충분히 예방할 수 있었던 사건입니다. 따라서 이 자리는 이번 사건의 책임 소재를 묻고, 다시는 이런 일이 발생하지 않도록 함이 목적입니다. 먼저 수출부 부장님부터 말씀 부탁드립니다.”

“안녕하십니까. 수출부 부장 박영철입니다. 존경하는 위원님, 저는 30년을 수출부에서 근무하였습니다. 수출부가 저이며 제가 수출부일 정도로 이 한 몸 회사를 위해 열과 성의를 다해 일해 왔던 사람입니다. 이런 입장에서 항상 모든 일에 솔선수범하며 일을 처리해 왔던 저로서는 이번 가산세 발생이 정말 안타까웠습니다. 직원 하나하나의 모든 일을 챙겼어야 하는데 계약직 직원의 일까지 돌보지 못함이 개탄스럽습니다. 위원님, 저는 하루 24시간이 부족할 정도로 많은 일을 처리하고 있습니다. 부장의 역할은 업무를 직접 처리하는 것이 아니라 모든 일이 잘 이루어질 수 있도록 관리 감독하는 것이라고 생각합니다. 다만 계약직 직원이 전산 입력을 잘못했을 거라는 생각은 추호도 하지 못하였습니다. 우리 회사가 어떤 회사입니까. 우리 회사를 통하지 않은 수출품이 없을 정도로 관련 업종에서 최고의 회사가 아닙니까. 게다가 우리 회사에 입사하는 사원들도 일류대를 나온 유능한 직원들입니다. 그래서 직원들이 하는 일을 일일이 점검하지 않았습니다. 아니, 굳이 점검할 필요가 없었습니다. 왜냐하면 모두가 일을 믿고 맡길 수 있는 유능한 직원들이기 때문입니다. 저는 계약직 직원과는 다른 우리의 직원들을 믿어 왔고, 앞으로도 믿을 것입니다. 이상입니다."

"안녕하십니까. 수출1과 과장 김재호입니다. 가장 먼저 수출1과에서 이런 일이 발생한 것에 대해 여러분께 대단히 죄송한 마음뿐입니다. 수출1과에서는 금액이 큰 수출품을 취급하고 있습니다. 이때 금액이 큰 수출품의 대금은 선수금, 중도금, 잔금으로 장기간 여러 번 나누어 받는 경우가 대부분입니다. 이렇게 대금을 여러 번 나누어 받는 경우, 법인세 신고는 선수금, 중도금, 잔금을 받을 때를 공급 시기로 하여 매출 금액을 계산하지만, 부가가치세 신고는 선적 일자를 공급 시기로 하여 대금 전액을 매출 금액으로 계산합니다. 하지만 이 사실을 모르고 있던 계약직 사원의 실수로 선수금 금액만 전산에 입력되었고, 회계부서에서 부가가치세 신고 시 매출 금액을 과소 신고하게 되었습니다. 저희 과에서 담당하는 수출 물품은 몇 천개에 달합니다. 따라서 제가 그 모든 물품에 대해서 전산 입력이 잘 되었는지 확인하는 것은 사실상 불가능합니다. 이것이 전산 입력 및 검토하는 직원이 따로 있는 이유겠지요. 모든 전산 업무는 그 직원의 책임하에 처리되는 것입니다. 우리 회사의 직원들은 애사심이 높고 책임감이 강합니다. 하지만 계약직 직원은 그렇지 않았던 것 같습니다. 이상입니다."

"안녕하십니까. 회계부서에서 부가가치세 신고를 담당하고 있는 대리 홍지훈입니다. 먼저 부가가치세 신고 과정을 간략하게 말씀드리면, 수출부에서 계약을 하고 어떤 물품을 얼마에, 언제 수출 했는지를 전산 시스템에 입력합니다. 그다음 수출부에서 전산 시스템에 입력한 내역과 자금부에서 입력한 내역을 근거로 회계부에서 법인세와 부가가치세 신고를 하게 됩니다. 이때 회계부는 전산에 입력된 내역을 토대로 신고서를 작성하므로 처음부터 전산 입력이 잘못되면 신고에도 오류가 발생할 수밖에 없습니다. 그만큼 전산 시스템에 오류 없이 입력하는 것이 무엇보다도 중요한 것이지요. 다만 지금까지 수출부, 자금부에서 전산 입력을 잘해 왔기에 전산 내역을 의심해 본 적이 없습니다. 또한 자금부에서 확인한 금액과 수출부의 금액이 일치했으므로 이번 부가가치세 매출 과소 신고는 저희 회계부에서는 알 수 없는 상황이었습니다. 이렇듯 근본이 잘못됐음에도 불구하고 과소 신고를 한 회계부에 잘못이 있다고 하면 앞으로 전산 입력 내역을 믿고 신고할 수가 없습니다. 끝으로 회계부서 직원이 수출 내역을 다시 확인하는 것은 불가능하다는 것을 알아주시길 바라며, 업무 분장이 왜 있는 것인지, 또 맡은 업무에는 항상 책임이 따른다는 것을 다시 한번 상기해 주시길 바랍니다. 이상입니다."

"안녕하십니까. 수출1과 정현우입니다. 저는 2년간의 인턴 과정을 마치고, 올해 계약직 사원으로 입사를 하였습니다. 제가 맡은 업무는 수출1과에서 일본으로 수출하는 물품에 관련된 서류를 번역하고, 제반 업무를 도우는 일이였습니다. 그러던 중 전산 입력을 했던 직원이 갑자기 그만두어서 공석이 되고, 전산 입력을 할 사람이 없다고 해서 전산 입력 업무를 맡게 되었습니다. 그렇기에 전산 시스템에 거래 내역을 입력하는 것은 익숙하지 않은 업무였습니다. 게다가 수출2과에서 전산 입력을 하는 직원이 계약서상의 날짜와 금액만 입력하면 된다고 하여 알려주신 대로 입력했을 뿐입니다. 저는 무역학을 전공하였습니다. 그래서 법인세, 부가가치세가 무엇인지 잘 모를뿐더러 절대로 전산 입력을 누락하여 부가가치세 신고를 잘못하게 하려고 한 것이 아닙니다. 전산 입력이 세금과 관련되니 주의하라고 알려주셨으면 전산 입력을 하고 올바르게 작성된 것인지, 또 세금에 영향은 없는 것인지 확인을 받았을 것입니다. 비록 정직원은 아니지만 인턴 2년, 계약직으로 1년을 근무하면서 누구보다 회사를 생각하며 열심히 일했습니다. 저의 잘못이 없다는 것이 아닙니다. 다만 저에게도 사정이 있었음을 알아주셨으면 좋겠습니다. 끝으로 저의 불찰로 인해 이런 일이 발생하였다는 것에 진심으로 반성하고 있습니다. 회사에 누를 끼쳐 정말 죄송합니다. 다시는 이런 일이 발생하지 않도록 각별히 주의하겠습니다. 이상입니다."

"지금까지 네 분의 말씀 잘 들었습니다. 위원들이 상의할 수 있도록 직원들은 그만 나가주시기 바랍니다."

무슨 말을 하고 나왔는지 모르겠다. 다리가 후들거리고 맥이 풀린다. 부장님과 과장님은 내 시선을 피하면서 각자의 자리로 돌아간다. 그래도 1년 동안 함께 했는데 나를 두둔해 주지 않아서 서운하다. 한편 회계부 홍대리님은 아무 말 없이 내 어깨를 두드리고 간다. 그렇게 세 명의 직장 상사의 뒷모습을 멍하니 쳐다보고 있던 그때, 주임님이 내게 다가오셨다.

"현우 씨, 말씀 잘 드렸어요?"

"아, 하고 싶은 말은 다 한 거 같은데, 제 마음이 전달됐는지는 모르겠어요. 밖에서 계속 기다리고 계셨던 거예요?"

"걱정이 돼서요. 일도 손에 안 잡히고…. 그래도 말뿐만 아니라 몸짓, 눈빛에서도 현우 씨의 진심을 느끼셨을 거예요. 이제 너무 걱정하지 말아요. 잘 해결되겠죠."

"그러면 정말 좋겠지만 부장님이랑 과장님이 제 편이 아니신 거 같아서 위원회분들도 안 좋게 생각하지 않을까 걱정이 돼요. 다들 제가 잘못했다는 것처럼 말씀하셨거든요."

"그건 어쩔 수 없는 거 같아요. 그래도 부장님과 과장님은 지금까지 쌓아 온 자리가 있잖아요. 아마 위험하다는 생각에 지연스레 방어 본능이 나오는 것 같아요. 미안한 얘기지만 만약 내가 두 분처럼 그 자리에 있었다면 저 역시 현우 씨를 위로해주지는 못했을 것 같아요."

"그건 그렇죠. 저도 두 분의 상황이 조금은 이해가 돼요."

"그래요. 좋게 생각해요. 그나저나 지금 사무실로 돌아가면 어색할 수 있으니 차나 마시고 들어갈까요?"

"그래도 되나요? 그런데 주임님, 결과가 나올 때까지 수출1과 직원들을 어떻게 봐야 할지 걱정이에요."

"결과 좋게 나올 거예요. 그러니 벌써부터 걱정하지 말고, 일단은 시간을 가지고 지켜보도록 해요."

"네."

이후 한 달의 시간이 지났고, 나는 더 이상 수출1과 직원들을 못 보게 되었다. 징계위원회 결과는 해당 사건에 직간접적으로 연관되어 있는 직원들의 실수는 너그러이 용서해 주되 재발 방지를 위해 전산 시스템의 문제점을 보완하기로 했다고 한다. 하지만 회사의 이익을 저해하는 자는 고용할 수 없다는 조항으로 인해 계약직 사원인 나는 재계약이 되지 않았다. 그렇게 나의 짧은 회사생활이 마무리가 되었다.

띵동. 이메일 도착 알람이 울린다. 준호가 급하긴 급했나 보다. 첨부 파일을 열어 문서를 훑어보니 익숙한 무역 관련 일본어들이 눈에 들어온다. 한때는 즐거운 마음으로 했던 일이었는데, 지금은 큰 용기가 필요한 일이라니…. 그렇게 문서를 다시 보고 있으니 가슴이 에이듯 아파온다. 2년의 시간이 흘렀음에도 나의 상처가 다 아물지 않았나 보다. 서둘러 첨부 파일을 닫고, 정신을 맑게 하기 위해 세수를 한다. 거울에 비친 얼굴은 검게 그을려 있다. 배달 라이더는 몸은 고되지만 일한 만큼 보상이 따르기에 하게 된다. 물론 가끔씩 사무실로 배달을 갈 때면 '내가 있어야 하는 곳은 여기인데…'라는 생각이 들기도 하지만, 회사를 다시 다닐 자신이 없어 금방 현실로 돌아온다. 세

수를 하고 나니 정신이 맑아진다. 그럼에도 바로 번역 일을 하고 싶지 않아 옷을 챙겨 바이트 커피숍으로 향한다.

"사장님, 저 왔어요."

"어, 현우구나. 커피 배달 주문 들어왔어?"

"아니요. 집에 있기 답답해서 나왔는데 막상 갈 데가 없어서 왔어요."

"커피 줄까?"

"네. 아아 한 잔 주세요."

"어제 새로 들어온 생두로 볶았는데 맛이 좋아."

"이제 다른 커피는 맛이 없어서 사장님 커피만 마시게 돼요."

"커피 칭찬은 언제나 듣기 좋지. 얼른 준비해줄게."

바이트 커피숍 사장님은 사실 우리 윗집에 사는 403호 아저씨이다. 비록 번화가에 위치한 유명한 커피숍은 아니지만, 레드오션 사업인 커피 시장에서 살아남기 위해 새벽부터 커피 생두를 볶으며 최고의 맛을 찾는데 열정이 넘치신다. 그리고 그런 사장님을 보고 있으면, 나에겐 정말 큰 자극이 되어 죽어있던 열정을 꿈틀거리게 한다.

"아이스 아메리카노 나왔습니다."

차가운 커피 한 모금을 마셨더니 속이 뻥 뚫리는 것 같다. 바이트 커피숍의 커피 맛은 정말 일품이다. 항상 최고의 커피 맛을 찾기 위해 열정을 쏟는 사장님 덕분에 집 근처에서 최고의 커피를 마실 수 있다는 것에 감사하다. 그때 커피를 건네주고 테이블 정리를 하던 사장님이 내게 다시 다가온다.

"뭐가 잘 안 돼? 표정이 안 좋아 보여."

"일본어 번역 일이 들어 왔는데, 일에 대한 열정이 생기는 것 같으면서도 다시 회사 생활을 하려니 두려워서요."

"열정이 생기는 일이면 무조건 해야지. 이제 배달 그만하고 다시 회사에 취업할 때도 됐잖아."

"사장님도 회사에서 나오셨으면서 왜 저한테는 회사에 들어가라고 해요?"

"그거야 회사를 나와 보니 너무 힘들어서 고생하지 말라고 하는 기지. 지금 와서 생각해 보면 그냥 꼬박꼬박 월급 받으면서 일할 때가 가장 좋은 거더라고."

"자영업 사장님들 힘든 거 잘 알죠. 사실 그래서 더 무엇을 해야 할지 모르겠어요. 자영업도 회사생활도 쉽지 않다는 걸 알고 있으니까요."

"성공하려면 빠르게 실패해 보라고 하잖아. 아직 젊으니 해 보고 싶은 거 있으면 빨리해 봐. 내가 성공한 사람이 아니어서 나의 말이 조언이 될지는 모르겠지만."

"아니에요. 커피만 판매하시는 게 아니라 원두까지 판매하시잖아요. 혼자서 사업 확장해 나가는 사장님을 보면서 깨달은 게 정말 많아요."

"칭찬해 주니 기분이 좋군. 기분이다. 커피값 안 받을게."

"이러려고 칭찬해 드린 거 아니거든요. 매번 커피값도 잘 안 받으시면서…"

"그랬나? 하하하. 아무튼 편하게 커피 마시고 있어. 난 생두 볶을 게 있어서 작업장에 들어가 봐야 해. 음악은 늘 듣던 피아노곡으로 틀면 되지?"

"아, 네. 감사합니다. 잘 마실게요."

사장님의 배려 덕분에 잔잔한 피아노곡을 들으며 나의 텅 빈 마음을 추스르는 시간을 가질 수 있게 되었다. 커피 잔 안에 있는 빨대를 만지작거리자 피아노곡 연주에 맞춰 얼음들이 소리를 낸다. 꽤 시간이 흐른 탓인지 얼음도 제법 많이 녹아 있다. 내 마음속 응어리도 얼음처럼 빠르게 녹았으면 좋겠다. 과거의 괴로움이 나의 삶을 갉아먹는 것 같아 더 괴롭다. 그때 커피숍 문이 열리고 203호 유진이가 들어온다.

　"오빠 여기서 뭐 해? 배달하러 안 가?"

　"몇 시야?"

　"11시. 이제 준비해야 하는 거 아냐?"

　"맞아. 이제 일하러 가야겠다. 사장님한테 커피 잘 마셨다고 전해줘. 너도 고생하고."

　아무 생각 없이, 또 근심 없이 오토바이를 타며 도착지를 향해 갈 때가 좋다. 도착지에 도달하면 노력한 만큼의 보상이 쌓인다. 그렇게 저녁 시간까지 달리고 또 달리다 보면 어느새 해가 지고 하루를 마무리할 시간이 찾아온다.

　지친 몸을 이끌고 집에 도착했다. 그리고 그제서야 하루 종일 확인하지 못했던 문자, 카카오톡 메시지 등을 확인한다. 그때 많은 메시지들 중, 국세청에서 온 모바일 안내문이 눈에 들어왔다. 순간 '나한테 왜 보냈지?', '혹시 가산세 문제가 해결이 안 되었나?', '내가 또 무슨 잘못을 한 건가?' 등의 오만 가지 생각이 머릿속을 스쳐 지나간다. 이후 가까스로 마음을 진정시키고 카카오톡을 열어 내용을 확인했다.

다행히 가산세와 관련된 연락이 아닌, 종합소득세 신고 안내문이다. 하지만 종합소득세 신고가 뭔지, 무엇을 하라고 하는 것인지 잘 모르겠다. 다음에 703호 할머니에게 여쭈어봐야지. 이번에는 실수 없이 잘 처리하리라.

삼쩜삼이 뭐예요?

정신없이 바쁘던 점심 배달이 끝나갈 때쯤 마라탕 가게에서 배달 콜이 들어온다. 포장된 마라탕을 받고 주소를 보니 가다 아파트 703호 할머니 댁이다. 703호 할머니께서는 가끔 손녀

가 오면 마라탕을 주문하시곤 한다. 할머니께 여쭈어보고 싶은 게 있었는데 마침 잘 됐다. 뜨끈한 마라탕을 가지고 703호 초인종을 누른다.

"배달이요."

"어, 현우 청년이네. 잘 지냈어요?"

"네? 아, 뭐, 저야 뭐 늘 잘 지내죠. 어르신도 별 일 없으시죠? 손녀딸이 왔나 봐요."

"맞아요. 마라탕을 얼마나 좋아하는지 여기만 오면 마라탕을 시키네요."

"하하하, 요즘 애들이 마라탕을 좋아하긴 하죠. 저 어르신 식사 전에 이런 말씀드려서 죄송한데, 잠깐 저랑 이야기 나눌 시간 있으세요?"

"그럼요. 마침 손녀딸도 음식 기다리다 잠들어서 시간 괜찮아요. 무슨 일 있어요?"

"아뇨. 그건 아니고 어제 국세청에서 모바일 안내문이 하나 왔는데, 무엇을 하라는 건지 모르겠어서요."

"그래요? 어떤 내용인지 볼까요?"

어제 카카오톡으로 받은 국세청 안내문을 703호 할머니에게 보여드렸다.

"아, 종합소득세 신고 안내이네요. 사업소득자로 종합소득세 신고를 하라는 거예요."

"네? 사업소득자요? 저는 사업을 한 적이 없는데요?"

"그래요? 흠…, 일단 마라탕 좀 안에 두고 올 테니 잠시만 기다려줘요."

"네. 알겠습니다."

그렇게 배달 콜을 잠시 멈추고 할머니를 기다린다. 이제 세금을 몰랐다고 하기는 싫다. 두 번 다시 억울한 일을 당하고 싶지 않기 때문이다. 잠시 뒤, 할머니께서 현관문을 열고 다시 밖으로 나오신다.

"죄송해요. 식사하셔야 되는 데 괜히 저 때문에 제때 식사도 못하시고…"

"괜찮아요. 손녀딸도 자고 있고, 어차피 마라탕은 이 늙은이 입맛엔 안 맞거든요. 그러니 걱정 말고 국세청에서 온 세금 안내에 대해 이야기해 보죠."

"그렇게 말씀해 주셔서 정말 감사합니다."

"사업소득이라는 게 사업장을 두고 사업을 하는 것도 있지만, 고용 관계없이 용역을 제공하고 돈을 받는 사람도 해당돼요. 이걸 사업소득자 또는 인적용역 사업소득자라고 하죠. 혹시 삼쩜삼이라고 들어봤어요? 사업소득을 지급하면서 수입금액에 3.3%를 원천징수하는데, 이걸 요즘 사람들은 삼쩜삼이라고 부르더군요."

"네. 들어본 적 있어요. 그런데 배달하는 저에게 사업소득이라고 하니까 뭔가 이상하네요."

"그럴 수 있어요. 일하고 돈을 벌면 보통 근로소득자라고 많이들 생각하죠."

"맞아요. 제가 사업소득자일 거라고는 한 번도 생각해 본 적이 없어요. 왜 근로소득자가 아니고 사업소득자인 거예요?"

"그건 고용 관계 유무에 따라 소득의 구분이 달라지기 때문이에요. 고용 관계를 맺고 용역이 제공되면 근로소득, 고용 관계 없이 용역이 제공되면 사업소득으로 구분하거든요."

"그럼 둘 중에 어떤 게 더 좋은 건가요?"

"둘 중에 뭐가 좋다, 뭐가 안 좋다라고 논하기는 어려워요. 다만 고용 형태가 점점 정규 고용이 아닌, 임시적인 노동으로 운영되고 있어서 젊은 친구들은 인적용역 사업소득에 대해 알아두면 도움이 될 기예요."

"그렇군요. 저도 인적용역 사업소득에 대해서는 처음 듣는 것 같아요. 조금만 더 자세히 말씀해 주실 수 있으실까요?"

"그럼요. 먼저 인적용역 사업소득은 생각보다 범위가 넓고, 기타 자영업으로 분류가 돼요. 따라서 사업자 등록이 안 되어 있을 뿐 자영업으로 분류가 되죠. 또 인적용역 사업소득자로는 프리랜서로 일하는 배달 라이더, 학원 강사, 대리운전 기사 등 개인 서비스업 종사자들을 예로 들 수 있어요."

"자영업으로 분류된다는 게 어떤 의미일까요?"

"근로소득자처럼 회사에서 본인의 세금을 알아서 처리해 주는 것이 아니기에 스스로 세금을 챙겨야 한다는 것을 의미해요. 쉽게 말해 사업자의 마인드로 세금을 바라봐야 한다는 거죠."

"어렵네요. 본인의 일을 하면서 사업자의 마인드로 세금까지 바라봐야 한다니…"

"어렵게 생각할 필요는 없어요. 사업하는 분들을 보면 보통 본인 가게의 매출이 얼마이고, 사업에 쓴 비용은 얼마인지 등을 파악하죠. 또 동시에 어떻게 매출을 늘리고, 비용은 줄일지 고심을 하기도 하고요. 그만큼 사업자들은 매출과 비용에 민감하고, 철저하게 관리를 해요. 하지만 인적용역 사업소득자는 회사에 고용된 것으로 생각하여 받는 수입에 대해서만 신경을 써요. 모든 인적용역 사업소득자가 비용까지 신경 써야 하는 것은 아니지만, 신경 써야 하는 사람들이 세금을 몰라 어려운 상황에 놓이는 걸 많이 봐 왔어요. 사업자의 마인드로 본인이 조금만 더 신경 썼다면, 어려운 상황에 놓이지는 않았을 텐데 말이에요."

"그렇다면 본인이 쓴 비용을 전부 알고 있어야 하는 건가요?"

"네. 그래야지만 종합소득세 신고를 할 수가 있거든요. 종합소득세는 1년간의 총수입금액에서 비용을 빼고 공제 항목을 공제한 후에야 납부할 세금 또는 환급받을 세금을 알 수가 있어요. 그래서 수입금액뿐만 아니라 비용에 대해서도 전부 알고 있어야 하죠."

"일하기도 바쁜데 비용까지 챙겨야 한다니 걱정부터 앞서네요."

"호호호, 걱정하지 않아도 돼요. 모든 사업자는 사업 비용에 따른 증빙을 수취하고 이를 장부에 기록하여 신고하여야 하나, 기장 능력이 부족한 소규모사업자의 불편을 최소화하기 위해 단순경비율과 기준경비율에 의한 추계 신고도 가능하도록 하고 있거든요."

"경비율이요? 그건 또 뭔가요?"

"수입금액에서 일정 비율로 곱한 금액을 경비로 차감해 주는 것을 말해요. 그리고 이때 그 일정 비율을 단순경비율과 기준경비율로 구분하고 있죠."

"그렇군요. 그런데 본인이 어떤 경비율 대상인지는 어떻게 알아요?"

"종합소득세 신고 안내 시 어떤 신고 유형인지 안내가 되고, 만약 안내가 없어도 직전 과세 기간의 업종별 수입금액을 확인해서 판단할 수 있어요. 인적용역 사업소득인 경우 직전 연도 수입금액이 2천 4백만 원 미만이면 단순경비율이고, 2천 4백만 원 이상이면 기준경비율이 돼요. 만약 신규사업자인 경우는 당해 연도 수입금액이 7천 5백만 원 미만이면 단순경비율 적용을 받고요."

"수입금액에 따라 경비율의 차이가 있는 거군요. 그렇다면 단순경비율과 기준경비율의 차이는 뭐예요?"

"단순경비율은 필요경비 전부를 경비율에 의해 인정받는 반면, 기준경비율은 주요경비는 증빙에 의해서만 인정이 되고, 기타경비는 경비율에 의해서만 인정되는 걸 말해요."

"주요경비가 무엇을 말하는 거예요?"

"매입 비용, 임차료, 인건비를 주요경비라고 해요"

"그럼 저 같은 배달 라이더는 주요경비로 들어가는 게 딱히 없겠네요?"

"배달 라이더 하면서 경비 들어갈 게 뭐가 있을까요?"

"지금 생각나는 건 주유비, 핸드폰 요금 정도예요. 사업이라고 하긴 민망하지만 사업을 하면서 특별히 들어가는 비용은 없는 것 같아요."

"그래서 모든 인적용역 사업소득자가 비용을 관리해야 되는 건 아니에요. 하지만 기준경비율 대상자가 되면 상황이 많이 달라지죠. 대부분 세금 신고로 어려움을 겪는 분들이 단순경비율이었다가 주요경비가 없는 기준경비율이 되는 분들이에요. 기준경비율이 단순경비율보다 세금 신고 방법도 어렵고, 내야 하는 세금도 많아지거든요. 그렇기에 기준경비율 대상이 되면 스스로 비용 부분을 신경 써야 해요."

"기준경비율 대상자가 되면 세금이 많이 나오게 되나요?"

"아무래도 주요경비가 없어서 세금 부담이 될 거에요. 그래서 이럴 땐 간편장부를 하는 것도 좋다고 봐요. 간편장부 이야기는 다음에 해줄게요."

"네. 신경써주셔서 감사합니다. 그럼 저 같은 경우에는 종합소득세 안내문에 단순경비율이라고 적혀있었으니 단순경비율 적용 을 받는 건가요?"

"안내문을 보니 단순경비율이기는 하지만, 초과율을 적용받겠네요."

"초과율이요?"

"네. 인적용역 사업소득자에 대한 단순경비율은 수입금액의 4천만 원까지는 일반율을 적용하고, 4천만 원을 초과하는 금액에 대해서는 초과율을 적용해요."

"일반율, 초과율, 단순경비율, 기준경비율 등 세금에서 쓰이는 말들은 전부 어렵네요."

"용어가 생소해서 그래요. 초과율이란 단순하게 수입금액에서 초과율의 비율만큼을 경비로 빼주는 거라고 생각하면 돼요. 계산 방식까진 몰라도 되지만, 내가 단순경비율 대상인지 기준경비율 대상인지는 많은 분들이 알았으면 좋겠어요. 그러면 '내 수입금액이 얼마여서 어떤 경비율이 되겠구나.' 하며 판단할 수 있고, '어떻게 대처해야겠구나'라고 생각할 수 있거든요."

"그렇죠. 스스로 판단해서 대처할 수 있다면 분명 많은 도움이 될 거예요. 그렇다면 본인에게 적용되는 경비율이 얼마인지는 어떻게 알 수 있나요?"

"그건 국세청 모바일 앱인 손택스에서 확인할 수 있어요. 잠시 보여줄게요. 여기 보이는 조회 발급 탭에서 기타 조회를 클릭하면 '기준·단순경비율 조회'가 있는데, 바로 이곳에서 경비율이 얼마인지 알 수 있어요."

"어, 그런데 조회를 하려고 하니까 업종명 또는 코드를 넣으라고 하네요? 여기에는 뭐라고 적어야 하나요?"

"아, 그건 간단해요. 이해하기 쉽게 현우 씨 같은 배달 라이더를 예로 들어 설명해 드릴게요. 배달 라이더의 경우 업종명에는 '퀵 서비스' 또는 '배달'이라고 적으면 돼요. 그러면 그와 관련된 업종들이 세세하게 분류가 되어 조회가 되는데, 조회된 업종에서 본인에게 해당하는 것을 선택하면 되죠. 또 코드는 업종 코드를 말하는 것으로, 업종마다 부여된 번호를 의미해요. 인적용역 사업소득지는 94번으로 시작하죠. 따라서 현우 씨 같은 배달 라이더의 업종 코드는 940918번이 돼요. 이때 업종 코드는 업종 코드표를 통해 쉽게 찾을 수 있으니 따로 크게 신경 쓸 필요가 없어요. 아무튼 이렇게 업종 코드를 알면 경비율이 얼마인지 알 수 있고, 무슨 업종을 의미하는지 알 수 있을 거예요."

"간단하네요. 제 업종 코드로 조회 한 번 해볼게요."

"네. 조회를 하면 숫자들이 나올 거예요. 그게 바로 경비율을 뜻하는 숫자들이죠."

"조회를 해 보니 경비율이 79.4, 71.2, 27.4라고 나오네요. 이게 무슨 말인가요?"

"간단해요. 순서대로 단순경비율 일반율 79.4%, 단순경비율 초과율 71.2%, 기준경비율 27.4%라는 거예요."

"단순경비율이 79.4%이면 높은 거예요?"

"네. 높은 편이에요. 만약 수입급액이 1,000만 원이면 필요경비로 대략 790만 원을 빼줘서 소득금액이 210만 원이 된다는 거니까요."

"오, 생각했던 것보다 필요경비로 많이 빼주네요. 그럼 기준경비율 27.4%는 수입금액이 1,000만 원이면 필요경비로 대략 270만 원을 빼준다는 건가요?"

"네. 하지만 주요경비를 제외한 기타경비에 27.4%를 적용하는 것이기 때문에 주요경비가 없다면 기준경비율 적용 소득금액은 730만 원으로, 단순경비율 적용 소득금액인 210만 원과 비교해 봤을 때 꽤 많은 차이가 있게 돼요. 따라서 세금 부담이 더 커질 수도 있는 것이죠."

"후, 정말 어렵네요. 세금은 알면 알수록 복잡한 거 같아요."

"호호호, 그래도 단순경비율, 기준경비율에 대해서 알았잖아요. 그것들만 알고 있어도 앞으로 많은 도움이 될 거예요."

"다 어르신이 알려주신 덕분이에요. 그리고 이왕 알게 된 거 세금에 대해 더 자세히 알고 싶어지네요."

"그게 바로 세금의 매력이죠."

"하하하, 마성의 매력인가요? 아참! 어르신, 한 가지 걱정되는 게 있는데, 사업소득자로 종합소득세 신고를 하는 게 어렵지는 않을까요?"

"물론 서면으로 직접 신고서를 작성하는 건 매우 어렵고 복잡해요. 그래서 시간적인 여유나 정신적인 스트레스를 덜 받고 싶다면, 인터넷 홈택스나 모바일 앱 손택스를 이용하는 게 여러모로 편리하죠. 손택스 앱을 열어 보면 신고·납부 항목에 종합소득세 모두채움 신고가 있어요. 몇 번의 클릭만으로 사업소득지급명세서 자료가 불러와지고 신고도 되니, 어렵지 않게 하실 수 있을 거예요. 그리고 한 가지 덧붙여 얘기하자면, 현우 씨는 아직 젊으니 너무 겁부터 내지 않았으면 좋겠어요. 뭐든지 하다보면 늘게 되어 있고, 나 같은 나이 많은 사람들도 다 그런 과정을 거치면서 지금껏 살아온 거니까요."

"신경써주셔서 정말 감사합니다. 게다가 진심 어린 조언까지 해 주시다니 제가 정말 이 은혜를 어떻게 갚아야 할지…."

"은혜를 갚긴 뭘 갚아요. 오히려 늙은이 말 상대 해줘서 내가 더 고맙지. 혹시 세금 신고하다가 도움이 필요하면 언제든지 연락해요. 그리고 배달할 때 항상 차 조심하고요."

"네. 정말 감사합니다. 들어가셔서 얼른 식사하세요. 저 때문에 마라탕이 다 식었겠어요."

"식으면 다시 데우면 되지. 들어가 볼게요. 조심해서 가요."

"네."

703호 할머니의 진심 어린 조언과 더불어 세금 관련 지식을 많이 배운 탓일까. 가슴 속 열정이라는 것이 오랜만에 꿈틀거린다. 물론 또다시 실수할까 겁도 나지만, 처음부터 잘하는 사람이 어디 있으랴. 게다가 종합소득세 신고는 직접 해야 한다고 하니 어쩔 도리가 없다. 그래, 까짓것 한 번 해 보는 거다. 해 보자!

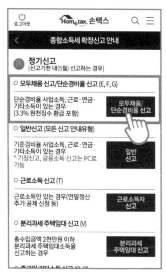

나는 인적용역 사업소득자입니다.

1. 사업소득금액

1) 계산 구조

계산 구조		내용
총수입금액		–
– 필요경비	단순경비율	수입금액×단순경비율 ▶ 인적용역 사업소득자(업종 코드 94)에 대한 단순경비율은 수입금액이 4천만 원까지는 일반율을 적용하고, 4천만 원을 초과하는 금액에 대하여는 초과율을 적용
	기준경비율	주요경비(재화의 매입, 임차료, 인건비)+수입금액×기준경비율
= 사업소득 금액		–

2) 경비율 조회

> 손택스 〉 조회/발급 〉 기타 조회 〉 기준·단순 경비율(업종 코드) 조회

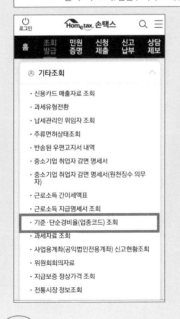

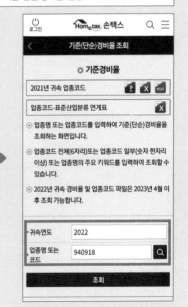

기준(단순)경비율 조회	
기준경비율코드	940918
중분류명	인적용역
세분류명	기타자영업
세세분류명	퀵서비스배달원
업태명	협회 및 단체, 수리 및 기타 개인서비스 업
기준경비율 자가율적용여부	N
기준경비율 일반율	27.4
기준경비율 자가율	27.4
단순경비율 자가율적용여부	N
단순경비율 일반율	79.4
단순경비율 자가율	71.2

알림 My홈택스 최근/My메뉴 국세우편물 글자크기

업종 코드	분류		단순경비율 (일반율)	단순경비율 (초과율)	기준경비율 (일반율)
940306	인적용역	1인 미디어 콘텐츠 창작자	64.1	49.7	16.8
940903	인적용역	학원 강사	61.7	46.4	18.4
940909	인적용역	기타 자영업	64.1	49.7	18.9
940910	인적용역	다단계 판매원의 후원 수당	67.8	54.9	17.0
940913	인적용역	대리운전 기사	73.7	63.7	24.1
940916	인적용역	행사 도우미	68.1	55.3	16.1
940918	인적용역	퀵 서비스 배달원	79.4	71.2	27.4
940919	인적용역	기타 물품 운반원	68.3	55.6	21.3

3) 경비율 구분-업종별 수입금액 기준으로 판단

업종별	업종별 수입금액		
	직전 연도		신규 사업자
	기존경비율 적용 대상자	단순경비율 적용 대상자	단순경비율 적용 대상자
농업·임업 및 어업, 광업, 도매 및 소매업(상품 중개업 제외), 부동산 매매업, 그 밖에 아래에 해당하지 아니하는 사업	6천만 원 이상자	6천만 원 미만자	3억 원 미만자
제조업, 숙박 및 음식점업, 전기·가스·증기 및 공기 조절 공급업, 수도·하수·폐기물 처리·원료 재생업, 건설업(비주거용 건물 건설업은 제외), 부동산 개발 및 공급업(주거용 건물 개발 및 공급업에 한정), 운수업 및 창고업, 정보 통신업, 금융 및 보험업, 상품 중개업	3천 6백만 원 이상자	3천 6백만 원 미만자	1억 5천만 원 미만자
부동산 임대업, 부동산업(부동산 매매업 제외), 전문·과학 및 기술 서비스업, 사업 시설 관리·사업 지원 및 임대 서비스업, 교육 서비스업, 보건업 및 사회 복지 서비스업, 예술·스포츠 및 여가 관련 서비스업, 협회 및 단체, 수리 및 기타 개인 서비스업, 가구 내 고용 활동	2천 4백만 원 이상자	2천 4백만 원 미만자	7천 5백만 원 미만자

2. 신고 방법

1) 단순경비율

주업종 코드 확인	수입금액 확인

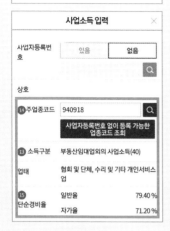

사업소득 입력 ✕

사업자등록번호	있음	**없음**

🔍

상호

⑭ 주업종코드 940918 🔍

> 사업자등록번호 없이 등록 가능한 업종코드 조회

⑬ 소득구분 부동산임대업외의 사업소득(40)

업태 협회 및 단체, 수리 및 기타 개인서비스업

⑮ 단순경비율
일반율 79.40 %
자가율 71.20 %

---

① ② 업종별 총수입금액 및 소득금액계산 ③

(단위 : 원)

사업자등록번호	주업종코드
상호	소득구분
단순경비율(일반율)(%)	단순경비율(자가율)(%)
수입금액	필요경비
소득금액	
000-00-00000	940918
	40
79.40	71.20
50,000,000	38,880,000
	11,120,000

산출세액 확인	환급받을 세액 확인

① ② 업종별 총수입금액 및 소득금액계산 ③

⑬ 종합소득금액 11,120,000 원

> ⒜ 사업소득 명세와 근로소득·연금소득·기타소득 명세의 소득금액 합계를 적습니다.

⑭ 소득공제 1,500,000 원

> ⒜ (15) ~ (28) 합계 - (29) 를 적습니다.

인적공제 명세 ∨

인적공제 금액 ∨

소득공제 금액 ∨

㉚ 과세표준 9,620,000 원

> ⒜ (13) - (14) ("0"보다 적은 경우에는 "0"으로 합니다.)

㉛ 세율 6 %

㉜ 산출세액 577,200 원

> ⒜ (30) × (31) - 누진공제액

㉝ 중소기업에 대한 특별세액감면 금액 ? 0 원

① ② 업종별 총수입금액 및 소득금액계산 ③

�55 총결정세액 507,200 원

> ⒜ (44) + (45)

�56 기납부세액

중간예납세액 0 원

원천징수세액 입력하기

1,500,000 원

> ⒜ 원천(납세조합)징수세액의 원천징수 또는 납세조합징수 세액과 근로소득·연금소득·기타소득명세의 원천징수세액 합계를 적습니다.

�57 납부할 세액 또는 환급받을 세액 -992,800 원

> ⒜ (55) - (56))

2) 기준경비율

손택스 > 신고 · 납부 > 종합소득세

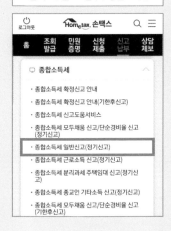

종합소득세 일반신고(정기신고) > 소득종류 선택

사업소득 사업장명세 등록

추계소득금액계산서 입력

주요경비 계산명세 입력

추계소득금액계산서 작성 ✕

⑨ 총수입금액   50,000,000 원

⑩ 기초재고자산에 포함된 주요경비   0 원

⑪ 당기에 지출한 주요경비   **주요경비 계산명세 입력**   0 원

⑫ 기말재고자산에 포함된 주요경비   0 원

⑬ 계(⑩＋⑪＋⑫)   0 원

정규증명서류 수취금액 입력

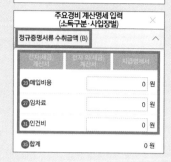

주요경비 계산명세 입력 (소득구분·사업장별) ✕

정규증명서류 수취금액 (B) ∧

	전자(세금)계산서	전자 외(세금)계산서	지급명세서
㉓ 매입비용			0 원
㉗ 임차료			0 원
㉛ 인건비			0 원
㉟ 합계			0 원

주요경비 지출명세서 금액 입력

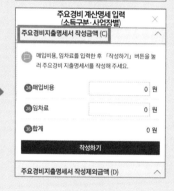

주요경비 계산명세 입력 (소득구분·사업장별) ✕

주요경비지출명세서 작성금액 (C) ∧

💡 매입비용, 임차료를 입력한 후 「작성하기」 버튼을 눌러 주요경비 지출명세서를 작성해 주세요.

㉔ 매입비용   0 원

㉘ 임차료   0 원

㉟ 합계   0 원

작성하기

주요경비지출명세서 작성제외금액 (D) ∧

추계소득금액 확인

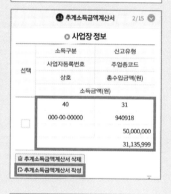

㉓ 추계소득금액계산서   2/15 ⌄

● 사업장 정보

선택	소득구분	신고유형
	사업자등록번호	주업종코드
	상호	총수입금액(원)
	소득금액(원)	
☐	40	31
	000-00-00000	940918
		50,000,000
		31,135,999

🗑 추계소득금액계산서 삭제
☑ 추계소득금액계산서 작성

산출세액 확인

⑪ 세액계산   14/15 ⌄

㉑ 종합소득금액   31,135,999 원

㉒ 소득공제   1,500,000 원

㉓ 과세표준 (㉑ - ㉒)   29,635,999 원

㉔ 세율   15 %

㉕ 산출세액   3,365,399 원

㉖ 세액감면   0 원

㉗ 세액공제   70,000 원

결정세액

납부할 세액 확인

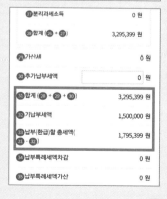

㉗ 분리과세소득   0 원

㉙ 합계 (㉖ + ㉗)   3,295,399 원

㉘ 가산세   0 원

㉚ 추가납부세액   0 원

㉛ 합계 (㉘ + ㉙ + ㉚)   3,295,399 원

㉜ 기납부세액   1,500,000 원

㉝ 납부(환급)할 총세액 (㉛ - ㉜)   1,795,399 원

㉞ 납부특례세액차감   0 원

㉟ 납부특례세액가산   0 원

4편_

403호 바이트 커피숍 사장님

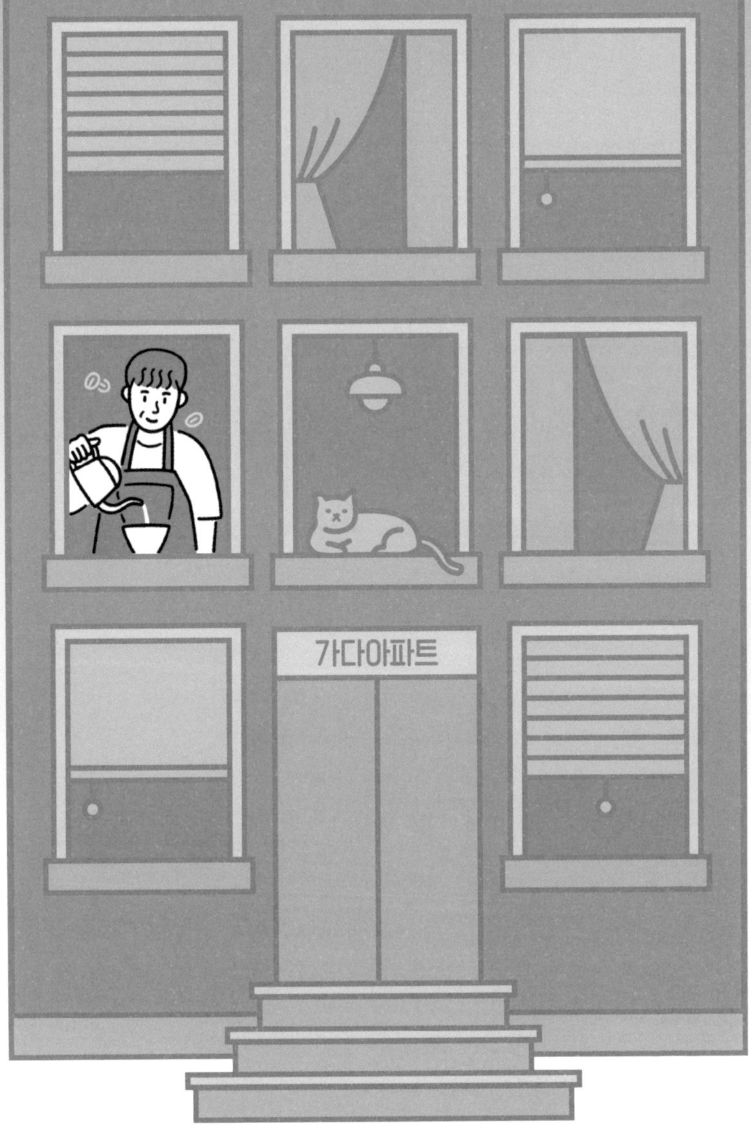

급여 주는 날! 세금 내는 날!

이른 아침, 핸드폰에서 문자 알림이 요란하게 울린다. 잠결에 문자를 확인해 보지는 않았지만, 핸드폰 화면에 '사장님 저 오늘…'이라는 요약된 메시지의 일부가 보인다. 느낌이 좋지 않

아 곧바로 침대에서 일어나 창밖을 한 번 쳐다본다. 창밖에는 이미 많은 사람들이 각자의 하루를 시작하고 있다. 핸드폰을 확인해 보니 역시나 알바생의 불참 소식이다. 급작스레 할머니가 아프셔서 같이 병원에 가야 된다고 한다. 벌써 이게 몇 번째인지…. 그만 나오라고 하고 싶지만 당장 알바를 뽑을 자신이 없어 할머니의 완쾌를 바라며 내일은 나올 수 있길 바란다고 답장을 보낸다. 안 그래도 거래처에 납품하는 커피 원두가 많아져서 하루 24시간이 부족할 지경인데 언제까지 알바 문제로 속을 썩여야 하는 건지, 가게 일을 신경 쓰는 것만큼 사람 관리도 힘든 일이다. 한편 이렇게 갑자기 알바가 자리를 비울 때는 도움을 요청할 수 있는 곳이 203호 유진이밖에 없다. 미안한 마음으로 유진이에게 도움을 청하는 문자를 보낸 뒤, 가족들이 깨지 않게 조심해서 집을 나온다.

가다아파트 근처에 위치한 10평 남짓한 내 커피숍은 크기는 작지만 나에게는 매우 소중한 공간이다. 산전수전 다 겪으며 오픈한 커피숍이기 때문이다. 물론 사연 없는 사람은 없겠지만, 커피숍을 운영하게 되기까지의 과정을 말하자면 책 한 권을 써도 부족할 것이다. 그래도 그러한 경험들이 나를 더 단단하게 만들어 주었다. 커피숍에 들어서자 은은한 커피 향이 코를 찌른다. 이 커피 향이 좋아 커피의 매력에 빠진 것 같다. 이후 진닐 비루어 두었던 설거지를 마무리하고, 생두를 볶기 전에 아메리카노 한 잔을 마신다. 이 시간이 하루 중 유일하게 여유를 부릴 수 있는 시간이다. 그렇게 창 밖을 보며 여유를 즐기는데, 문득 작고 소중한 이 가게를 얻기까지의 과정이 주마등처럼 스쳐 지나간다.

2019년 6월 목요일.

나는 수입한 커피 생두를 로스팅하여 판매하는 원두 판매 회사에 다녔다. 서당 개도 3년이면 풍월을 읊는다고, 3년 정도가 되자 커피 원두에 대해서도 잘 알게 될 뿐만 아니라 생두 볶는 일도 할 줄 알게 되었다. 그러던 어느 날, 오래전부터 알고 지내는 형님이 만나자고 연락을 해 왔다. 평소에 배울 점이 많아 좋아했던 형님이기에 흔쾌히 약속을 잡았다. 그리고 며칠 뒤, 회사 근처 중식당에서 오랜만에 형님을 만났다.

"성호야, 내가 이번에 커피 원두 판매 회사를 시작하려고 해."

"네'? 커피 원두 판매요? 지금 하시는 일과 완전히 다른 일 아니에요?"

"뭐, 그렇지."

"그럼 좀 위험한 거 아니에요? 커피 원두에 대한 기본적인 것들은 알고 시작하셔야 할 것 같은데…."

"그런 거 다 신경 쓰면 사업 못해. 어느 분야이든 사업이 될 거 같으면 일단 뛰어드는 게 사업가야."

"아, 그런가요? 직장인인 저로써는 덜컥 겁부터 나는데…. 사실 형님이 사업 확장을 해 나가는 거 보면 정말 대단하다는 생각이 들어요. 저는 그렇게까지 못할 것 같거든요."

"하하하, 무식하면 용감하다는 말도 있잖아. 그나저나 지금 다니는 회사는 한 달에 월급을 얼마나 주나?"

"월급이요? 직장인 월급이 뭐 거기서 거기죠. 하하, 그런데 제 월급은 왜요?"

"다른 게 아니고, 네가 이번에 하는 원두 판매 회사 좀 맡아 줬으면 해서. 지금 받는 월급에 2배로 줄게."

"네?"

"지금 하고 있는 사업체가 여러 개이다 보니 이번 사업은 내가 직접 할 수가 없거든. 그래서 커피 사업을 믿고 맡길 사람이 필요한데, 그 일을 할 수 있는 사람이 성호 너밖에 없더라고."

"그래도 그렇지 한 번도 사업을 해본 적 없는 제가 어떻게 하겠어요. 형님."

"성호는 지금 회사에서 하는 것처럼 커피 원두만 책임져 주면 돼. 거래처 납품 등 나머지 일들은 내가 다 처리할게."

"그렇게만 하면 저야 지금 하고 있는 일의 연장선이라고 생각하면 되긴 하는데…"

"그래. 지금 하는 일과 똑같이 일하고 월급은 더 많이 받는다고 생각하면 돼. 어렵게 생각할거 없어. 아, 그리고 법인을 설립할 때 대표이사는 성호 너로 하려고."

"네? 저를 대표이사로요?"

"응. 성호도 이제 대표이사 명함 하나 정도는 들고 다녀야지. 평생 그 흔해 빠진 대리, 과장 명함만 들고 다닐 수는 없잖아."

"아, 그건 맞지만 대표이사는커녕 아직 과장밖에 안 된 제가 하기엔 좀 무리인 거 같은데…"

"해 보지도 않고 그걸 어떻게 알아. 그리고 사나이가 자기 사업체를 운영해야지 누구 밑에서 일만 하면 되겠어?"

"형님이야 사업을 오래하셔서 그렇지만 사실 저 같은 월급쟁이는 따박따박 월급 받으면서 안정적으로 생활하는 게 편해요."

"뻔한 월급으로 언제 집사고, 애들 교육은 어떻게 시키려고. 얼마 전에 둘째 태어났잖아. 애들 크면 교육비도 더 많이 들어가는데, 그 돈으로 생활이 되겠어? 집도 아직 전세지?"

"네. 그래도 이건 좀⋯."

"지금 회사보다 월급도 더 많이 받고, 덤으로 회사 운영하는 것도 배우고 좋잖아. 이런 기회 흔치 않아. 누가 회사를 남한테 맡기겠어. 내가 그동안 성호를 좋게 봐 왔으니 기회를 주는 거지. 우리 알고 지낸 세월도 몇십 년이고. 그 세월은 못 속이잖아. 안 그래?"

"그건 그렇죠. 근데 제가 대표이사가 되면 문제는 없을까요? 사업을 해 본 적이 없어서 아무것도 모르는데⋯."

"문제? 문제 있을게 뭐가 있어. 내가 다 알아서 하고 성호는 그냥 커피 원두만 우리나라 최고의 상품으로 만들어 주면 돼. 판매부터 시작해서 나머지 잡다한 건 내가 다 알아서 할게. 사실 사업이라는 게 별거 없어. 그저 좋은 상품을 합리적인 가격으로 잘 판매하면 되는 거거든."

"아, 네. 일단 어떤 말씀이신지는 알겠으니 조금만 고민해 보고 연락드릴게요. 당장 저 혼자 결정할 문제가 아니라 집사람이랑도 한 번 상의해 봐야 할 것 같아서요."

"그래, 고민 한번 해 봐. 대신 고민할 시간은 많이 못 줘. 당장 다음 달에 사업을 시작할 예정이거든."

"네. 연락드릴게요. 형님."

이후 나는 다니던 회사를 그만두고 형님을 따라 사업을 시작하였다. 그리고 운이 좋게도 시작한 법인 사업체는 처음부터 순항을 달렸다. 사업 수환이 좋았던 형님 덕분에 많은 납품 업체와 계약을 하였고, 그 거래량에 맞추느냐고 작업장은 쉬지 않고 돌아갔다. 그렇게 커피숍이 생기면 생길수록 우리의 납품 업체는 더욱더 많아져 갔다. 한편 사업이 안정을 찾아갈 때쯤 형님은 회사의 모든 업무를 내게 맡기셨다. 직접 운영을 해 봐야지 빨리 일을 배울 수 있다는 이유에서였다. 물론 그 덕분에 매일 처리해야 할 일들이 산더미처럼 쌓였지만, 빳빳한 대표이사직 명함을 내밀 때면 덩달아 나의 어깨도 올라갔다.

그러나 잘 항해하던 배가 선장의 이탈로 점점 출렁거리기 시작했다. 게다가 코로나19로 인해 형님이 운영하던 대형 락볼링장과 음식점 등의 매출에 타격이 가기 시작했다. 매달 들어가는 고정 비용은 있는데, 현금 매출이 급격하게 줄다 보니 밑 빠진 독에 물 붓는 상황이 되고 만 것이다. 그나마 다행이었던 것은 내가 운영하던 원두 판매는 큰 타격 없이 잘 되었다는 것이다. 하지만 거래처인 커피숍들의 사정은 좋지 않아 미수금이 쌓이기 시작했다. 그리고 그렇게 쌓이기 시작한 미수금으로 인해 생두를 납품해 주던 회사에 제때 비용을 주지 못했고, 형님을 찾는 전화가 빗발쳤다. 나 역시 형님과 연락하고 싶었지만, 어느새 형님과 연락이 닿지 않았다. 이후 작업장, 로스팅기 등에 압류 딱지가 붙었고, 더 이상 생두를 볶을 수가 없게 되었다. 영문도 모른 채 하루아침에 실직자가 되고 만 것이다.

물론 다시 취직을 해야 한다는 번거로움이 있었지만, 사업체를 운영해 봤다는 경험은 만족스러웠다. 대표이사직에 대한 책임이 엄청난 것이라는 걸 깨닫기 전까지는 말이다. 어느 날 세무서에서 종합소득세 고지서가 날라 왔다. 아무 생각 없이 고지서 용지를 펼쳤는데, 고지서에 적힌 납부금액을 보고 내 눈을 의심했다. 인정상여로 인한 소득과 함께 엄청난 금액을 납부하라고 적혀 있었기 때문이다. 도대체 무슨 세금인지 이해가 되지 않아 곧바로 세무서에 전화를 했다.

"감사합니다. 서울 세무서 소득세과입니다."

"안녕하세요. 세금 납부 고지서를 받고 전화드렸습니다."

"아, 그러시군요. 고지 내역 조회 한 번 해 보겠습니다. 잠시만 기다려주세요."

"네."

"방금 고지 내역을 조회해 보니, 종합소득세를 신고하지 않으셔서 세금 고지가 되었습니다."

"종합소득세 신고요? 아니, 제가 무슨 소득이 있다고 이렇게 많은 세금이 나오죠?"

"근로소득과 인정상여가 있으시고, 이걸 합산해서 신고하셔야 하는데 신고하지 않으셨어요."

"인정상여가 뭐예요?"

"법인의 소득이 누군가에게 갔으면 그 귀속자가 누군지 밝히고, 소득을 가져간 귀속자는 세금 납부의 의무를 이행해야 하는데요. 이때 누구에게 갔는지 모를 경우에는 대표자가 가져갔을 거라고 보는 것을 대표자의 인정상여라고 합니다."

"그러면 그 대표자가 지금 저라는 겁니까? 그 법인은 명의만 저이지 실질은 아는 형님의 소유입니다. 제가 무슨 법인의 소득을 가져가요. 전 월급만 받았어요."

"법인세를 신고하지 않아 법인세과에서 법인세 수입금액 확정을 하였고, 그때 인정상여에 대한 안내가 되었을 텐데요."

"전에 법인 관련 우편물을 받긴 했지만, 제가 실질적인 대표가 아니라 신경 안 썼죠."

"선생님의 사정은 충분히 이해가 됩니다. 하지만 명의만 빌려주고, 실질은 다른 사람에게 있다는 것은 선생님이 증명해주셔야 해요."

"아니, 그걸 제가 어떻게 합니까? 형님이 다 알아서 하고 전 월급만 받은 건데요."

"세법은 실질과세 원칙입니다. 선생님처럼 명의를 빌려주고 실질은 다른 사람이라면 그 사람에게 과세되는 게 맞지만, 명의를 빌려줬다는 것에 대한 입증 책임은 선생님이 하셔야 됩니다. 최대한 입증할 수 있는 자료들을 챙기셔서 불복 절차를 진행하시는 게 좋을 거 같습니다."

"그럼 실질 귀속자를 못 밝혀내면 이 금액을 전부 제가 납부해야 되는 건가요?"

"맞습니다. 만약 실질 귀속자를 밝혀내지 못한다면 지금 고지된 금액은 유지됩니다. 그러니 명의를 빌려준 사실을 입증해야 선생님께서 납부를 안 하실 수 있어요."

이게 무슨 날벼락인지. 대표이사 직함에만 내 이름을 썼을 뿐인데, 그 대가가 이렇게 혹독한 것이었단 말인가. 그저 형님이 '그 회사는 제 소유입니다'라고 하면 끝날 일인데, 그 책임을 왜 내가 져야 한단 말인가. 처음 대표이사직을 제안할 때 이 사실을 알았다면 수락하지 않았을 텐데, 후회가 밀려온다.

그날 이후 형님을 찾기 위해 수소문하며 돌아다녔고, 법인에서 함께 일했던 사람들을 전부 만나 상황 해결을 위해 갖은 노력을 기울였다. 또 세무서에서 제출하라고 한 서류들을 챙기기 위해 여기저기 돌아다니며 서류를 모았다. 하지만 고지서상의 납부 기한은 빠르게 다가왔고, 결국 체납이 되고 말았다. 이후 온전히 직장생활을 할 수 없는 지경에 이르렀다. 회사를 그만두고 일을 해결하기 위해 몇 달을 미친 듯이 보냈다. 다행히도 일은 잘 해결되었지만, 믿었던 사람에게 배신을 당하고 세금에서 헤어 나오기 위해 망망대해를 홀로 헤쳐 나온 탓에 이미 나의 몸과 마음은 만신창이가 되어 있었다. 외로웠고 무서웠다. 하지만 지친 몸을 이끌고 집에 들어갈 때마다 내게 달려와 안

기는 아이들을 보니 무너질 수 없었다. 그랬다. 나에게는 가족들이 있었고, 가족들을 위해 나는 버텨야 했다.

앞으로 어떻게 살아갈지에 대한 고민을 하였다. 다만 매달 정해진 월급으로 이 아이들을 지켜낼 자신이 없어 월급쟁이로 다시 돌아가고 싶지는 않았다. 또 비싼 수험료를 내고 사업을 배웠으니, 이번에는 내 사업을 하고 싶었다.

그렇게 커피숍을 하기 위해 신축 상가와 대로변 상가를 알아봤지만, 임대료가 너무나 비쌌다. 한 달 월세를 내려면 커피를 몇 잔 팔아야 하는지 아무리 계산기를 두르려도 수익이 남지 않았다. 이후 몇 달을 더 발품을 팔며 여기저기 돌아다녔지만, 저렴한 월세와 좋은 자리에 위치해 있는 곳을 찾지 못했다.

그러던 어느 날, 피곤한 몸을 이끌고 집에 돌아가는 길에 우연히 화려한 상가 맞은편에 있는 어두운 상가가 눈에 들어왔다. 가다아파트 근처에 대기업 계열사가 들어오면서 유동 인구가 많아진 탓에 저녁 시간임에도 그곳에는 많은 사람들이 있었다. 가슴이 다시 뛰기 시작했다. 뭔가 느낌이 좋았다. 그래서 어두운 상가 앞에서 지나가는 사람들의 모습을 몇 시간 동안 우두커니 서서 지켜봤다. 하루 종일 걸은 탓에 아팠던 다리였지만, 이상하게도 아파오지 않았다. 어두웠던 내 자리가 밝게 빛

나는 것처럼 느껴졌다. 이후 며칠 동안 메모지와 펜을 들고 어두운 상가 앞에서 유동 인구 수, 연령대, 성별 등을 체크하며, 사람들의 동선을 파악했다. 또 비용을 아끼기 위해 폐업하는 커피숍에서 사용할 수 있는 물건들을 가져왔고, 완벽한 커피 맛을 위해 편리한 전기 로스터기 대신 직접 불 조절을 할 수 있는 직화 로스터기를 중고로 구매했다. 그렇게 10평도 안 되는 아주 작은 커피숍이지만 무수한 커피 양을 취급할 수 있는 곳을 꿈꾸며 나만의 커피숍을 구성했고, 지금의 바이트 커피숍이 탄생하였다.

잠시 옛 생각에 빠졌지만 이내 정신을 가다듬고 마지막 커피 한 모금을 마신 뒤, 작업장으로 들어간다. 생두와 로스터기로 꽉 찬 좁은 작업장이지만 이곳에 들어오면 마음이 편안해진다. 무언가 나만의 공간에 있는 기분, 그렇게 로스터기의 전원을 켜고 막 작업을 시작하려 할 때, 303호 현우가 가게로 들어온다.

"사장님, 저 왔어요."

"어, 현우구나. 커피 배달 주문 들어왔어?"

"아니요. 집에 있기 답답해서 나왔는데 막상 갈 데가 없어서 왔어요."

303호 현우와 203호 유진이를 보고 있으면, 과거의 내 모습을 보는 것 같아 마음이 아리다. 무엇을 해야 할지 몰라 헤매는 모습을 보면 안쓰러우면서도, 자신들의 길을 찾아가려고 노력하는 모습이 참 기특하다. 성실하고 묵묵히 자신의 일을 하면서 많은 아픔을 겪었지만, 그럼에도 지치지 않고 지금처럼 노력한다면 분명 원하는 일을 할 수 있을 거라고 믿는다.

한편, 유진이 덕분에 무사히 거래처에 원두 납품을 할 수 있었다. 작은 동네에 위치한 거래처에 원두를 모두 옮기고 나니 이마에 맺혀 있던 땀이 또르르 흘러내린다.

"바이트 사장, 이리 와서 빵 좀 먹고 가요. 아내가 만든 크루아상인데 맛이 제법 좋아."

"정말 맛있네요. 그나저나 커피와 빵을 같이 파니까 매출에 도움이 되죠?"

"아무래도 커피만 파는 것보단 낫지. 다행히 와이프가 베이커리에 취미가 있어서 그 덕 좀 보네."

"사모님께 잘하셔야겠어요. 자, 빵도 얻어먹었겠다 오늘은 특별히 원두 분쇄 굵기 한 번 확인해 드릴게요."

"아침에 커피 그라인더 조절을 하긴 했는데, 전문가가 본다니 떨리네."

"날씨에 따라서 잘 조절해 주시면 확실히 맛이 달라져요. 그리고 정수기 필터, 기계 청소는 매일 해 주고 계신거죠?"

"당연하지. 손님들이 좋아하는 커피 맛을 유지하기 위해 항상 노력하고 있어."

"역시 잘하고 계시네요. 저도 좋은 생두로 맛 좋은 원두 공급할 수 있게 꾸준히 노력할게요."

"바이트 사장네 원두는 정말 전국적으로 알리고 싶은 맛이야. 저렴한 가격으로 이렇게 좋은 원두를 사용할 수 있다니 내가 다 감사하지."

"오히려 제가 더 감사하죠. 사장님 덕분에 거래처가 정말 많이 늘었어요."

"그거 잘된 일이구만. 그런데 내가 아니었어도 분명 바이트 사장네 원두는 모두가 좋다는 걸 알았을 거예요. 이렇게 좋은 원두를 이 가격에? 이건 진짜 말도 안 되는 거거든. 마음 같아선 전 세계 사람들한테 먹여보고 싶다니까."

"하하하, 과찬이십니다."

거래처 사장님들로부터 원두가 좋다는 말, 커피숍에 온 손님들로부터 커피가 맛있다는 말을 들을 때면, 아무리 일이 고되고 힘들어도 힘이 난다. 또 내가 잘하고 있구나 싶으면서도 내 일에 대한 자부심을 느끼게 해 주는 이러한 말들이 앞으로 내가 나아가야 할 방향과 목표를 명확하게 알려주는 것만 같다.

이후 오후에 돌아야 할 거래처를 전부 돌고 가게로 돌아와 매달 신고해야 하는 원천세 신고·납부, 4대 보험 신고를 하고, 아르바이트 학생에게 급여를 보낸다. 신고 업무는 세무사에게 맡길 수 있는 일이지만, 지금은 비용을 아끼는 게 우선이다. 사업을 하면 신고해야 할 것, 내야 할 것들이 참 많다. 이렇게 매일 해야 되는 것들을 놓치지 않고 챙기다 보면, 저녁 10시가 넘어서 가게 문을 닫는 일이 부지기수이다.

녹초가 된 몸을 이끌고 집으로 돌아와 핸드폰을 확인했다. 그때 국세청에서 보낸 모바일 안내문이 눈에 들어왔다. 내용을 확인해 보니 종합소득세 신고 안내이다. 하지만 몇 번을 읽고 이해해 보려고 해도 무슨 소리인지 전혀 모르겠다. 다음에 703호 할머니를 만나게 되면 여쭈어봐야지.

필요경비가 뭐예요?

    누구에게는 쉼이 되는 즐거운 점심시간이 나에게는 하루 중 가장 긴장되고 정신없는 시간으로 다가온다. 주문하고 빨리 커피를 받고자 하는 손님들을 기다리게 할 수 없어 조금도 여유

를 부릴 수 없는, 그야말로 전쟁터를 방불케 하는 시간이기 때문이다. 그럼에도 커피 맛이 좋아서 일부러 멀리서 찾아 왔다는 손님들의 말은 나를 더욱더 열심히 움직이게 만든다.

이제 우리 가게 손님들은 자신의 입맛에 맞는 원두 이름 케냐, 코스타리카, 따라주 등을 말하며 아메리카노를 주문한다. 손님들이 자신만의 커피 취향을 찾아 가는 거 같아서 뿌듯하다. 커피는 원두에 따라 맛이 천차만별이다. 원두의 개수를 여러 개 설정해 놓는다는 건 그만큼 원두를 가는 기계인 그라인더를 여러 내 놓아야 한다는 것이고, 이는 많은 비용을 지불해야 한다는 것을 뜻한다. 하지만 손님들에게 여러 종류의 커피 맛을 선사하고 싶어 무리인 것을 알면서도 꾸준히 유지하고 있는 중이다. 많은 손님들이 매일 마시는 커피 본연의 맛을 느끼고, 즐겼으면 좋겠다.

오후 한 시가 되자 숨 돌릴 틈이 생겼다. 점심시간이 휩쓸고 간 자리를 정리하며 나름의 여유를 즐기고 있을 때, 703호 할머니께서 커피를 마시기 위해 가게로 들어오셨다.

"오랜만이에요. 사장님. 그동안 잘 지냈죠?"

"아, 어르신 안녕하세요. 저야 늘 잘 지내죠. 어르신도 별일 없으시죠?"

"그럼요. 따뜻한 카페라떼 한 잔 먹고 싶어서 왔어요."

"그렇다면 아주 잘 찾아오셨습니다. 오늘 원두가 우유와 잘 융합이 돼서 커피 맛이 좋을 거예요."

"호호, 그래요? 바이트 커피는 항상 맛이 좋았는데, 더 좋아지면 어떤 맛이려나."

"과찬이십니다. 아, 어르신 저랑 잠깐 이야기 나눌 시간 좀 있으실까요?"

"네. 시간 괜찮아요. 무슨 일 있어요?"

"다른 게 아니고, 어제 국세청에서 모바일 안내문이 왔는데 무엇을 하라는 건지 모르겠어서요."

"그래요? 어떤 내용인지 한 번 볼까요?"

어제 받은 카카오톡을 703호 할머니에게 보여드렸다.

"종합소득세 신고 안내이네요. 사업소득 간편장부 대상자로 종합소득세 신고를 하라는 거예요."

"간편장부 대상자요? 그게 뭐예요?"

"모든 사업자는 사업의 내용에 따른 증빙을 수취하고, 이를 복식장부에 기록하여 소득금액을 계산해야 해요. 하지만 영세 사업자와 부득이한 사정으로 기장하지 못한 사업자의 소득금액을 계산하기 위해 간편장부 제도와 기준경비율·단순경비율

제도를 두고 있어요. 여기서 중소 규모 이하의 개인사업자가 수입과 비용을 가계부 작성하듯이 쉽고 간편하게 작성하는 것을 간편장부 기장이라고 하죠. 그리고 이 간편장부를 근거로 종합소득세 신고를 해야 하는 대상자인거예요."

"그렇군요. 그런데 이전에 종합소득세 신고할 때는 경비율로 했던 거 같은데, 갑자기 왜 바뀐 거예요?"

"갑자기 바뀐 게 아니에요. 아마 이전에도 간편장부 대상자였을 거예요. 다만 이전에는 기준경비율로 추계 신고를 했어도 가산세 대상자가 아니었던 반면, 이번에는 간편장부를 기장하지 않으면 가산세 대상이 되는 상황인 거죠. 이는 사업의 총수입금액에 따라 장부 기장 의무, 경비율 적용 유형이 달라지기 때문이에요. 바이트 사장님의 직전 과세 기간의 수입금액을 한 번 확인해 보세요."

"어르신, 죄송하지만 이해가 잘 안 되서 그러는데, 다시 한 번만 설명해 주시겠어요?"

"그럼요. 먼저 큰 분류부터 설명을 하면, 사업자는 복식부기 의무자, 간편장부 대상자, 비사업자로, 총 세 개의 기장 의무가 있어요. 따라서 종합소득세 신고 시 이 세 개 중 하나를 골라야 하는데, 비사업자는 근로소득, 연금소득 등 사업을 하지 않는 사람들이 선택을 하죠. 반면 사업자는 복식부기와 간편장부 둘 중 하나에 해당이 되는데, 바이트 사장님의 경우 간편장부 대상자라는 거예요."

"그럼 저는 그동안 간편장부 대상자였던 건가요?"

"네. 간편장부 대상자이면서 신고 유형을 기준경비율로 했던 거죠. 신고 유형에 대해 다 말씀드리고 싶지만, 종류가 너무 많으므로 여기서는 간편장부, 기준율·단순율, 분리과세에 대해서만 얘기해 볼게요. 먼저 아까 말씀드린 영세사업자에게 기장을 간편하게 할 수 있도록 한 게 간편장부 신고이고, 정해진 경비율에 따라 신고할 수 있는 게 기준경비율·단순경비율이며, 다른 소득과 합산하지 않고 따로 소득을 신고하겠다는 게 분리과세예요."

"그렇다면 저는 기장 의무인 간편장부 대상자와 신고 유형인 간편장부를 헷갈렸던 거네요?"

"맞아요. 간편장부라고 하니 간편장부 대상자와 헷갈렸던 거죠. 사장님이라면 만약 기장 의무와 신고 유형을 내 마음대로 선택할 수 있다면 어떤 선택을 하실 것 같으세요?"

"음, 저라면 신고하기 쉽고, 세금도 적게 내는 단순경비율을 선택할 거 같은데요?"

"그렇죠. 대부분의 사람들이 그렇게 생각해요. 그래서 기장 의무와 신고 유형은 업종에 따라 기준 금액이 정해져 있죠. 그리고 바로 이때 그 기준에 맞게 신고를 하지 않으면, 가산세 대상이 되는 거예요."

"쉽게 말해 정해둔 기준이 있으므로 본인 마음대로 신고하면 안 된다는 거네요?"

"맞아요. 정확하게 이해하셨네요."

"그럼 그 기준 금액은 어떻게 되나요?"

"음, 이해를 돕기 위해 제조업을 예로 들어 말씀드릴게요. 만약 바이트 커피숍의 직전 연도 수입금액이 1억 5천만 원 미만이면 간편장부 대상자, 1억 5천만 원 이상이면 복식부기 의무자가 돼요. 그리고 이때 신고 유형은 3천 6백만 원 미만이면 단순경비율, 3천 6백만 원 이상이면 기준경비율을 적용할 수 있고요. 하지만 사장님은 직전 연도 수입금액이 4천 8백만 원 이상이어서 기준경비율로 신고하면 무기장가산세를 내기 때문에 간편장부로 신고를 하셔야 되는 거죠."

"아, 이제 이해가 좀 되네요. 신고 유형으로 간편장부와 기준경비율을 선택할 수 있으나 가산세가 따르니 간편장부를 해야 된다는 거 맞죠?"

"네, 맞아요. 무기장가산세는 산출세액의 20%가 되는 큰 금액이에요."

"20%는 정말 무시 못 할 금액이죠. 앞으로는 기장 의무와 신고 유형을 잘 살펴봐야겠네요. 그런데 신고 유형은 그리 복잡하지 않은 것 같은데, 기준 금액은 좀 복잡한 거 같아요."

"복잡하게 생각할 거 전혀 없어요. 기준 금액은 정리된 표로 보면 이해하기가 더 쉬울 거예요. 저한테 정리된 표가 있으니 다음에 갖다 드릴게요."

"이렇게까지 신경써주셔서 정말 감사합니다. 그럼 간편장부는 어떻게 작성해야 되나요?"

"간편장부 작성도 어려울 게 전혀 없어요. 거래가 발생한 날짜순으로 거래 내용, 거래처, 매출액 등 수입에 관한 사항과 매입액 등 비용 지출에 관한 사항, 그리고 고정 자산의 증감에 관한 사항을 기록하면 돼요."

"어디에다 작성을 해야 하나요?"

"국세청 홈페이지에 접속하면, 종합소득세 안내에 간편장부를 다운받을 수 있게 되어 있어요. 여기에 간편장부 작성 요령도 함께 나와 있으니 활용하면 어렵지 않게 작성할 수가 있을 거예요."

"작성 요령이 나와 있어도 기장 작성은 처음이라 잘할 수 있을지 걱정이 되네요."

"장부 기장이라고 해서 어렵게 생각할 거 하나 없어요. 그냥 그날그날 수입과 비용을 기록한다고 생각하면 돼요. 사업용 신용카드는 등록해 두었죠?"

"네. 신용카드와 현금영수증 둘 다 사업용으로 등록해 두고 사용하고 있어요."

"잘하고 계셨네요. 사업용 카드로 등록해 두면, 인터넷 홈택스에서 사용 내역을 확인할 수 있어 비용 합계를 쉽게 알 수 있어요. 수입과 비용을 어떻게 관리하고 계신지 들어볼까요?"

"수입은 원두 판매를 할 때 전자세금계산서를 발행해요. 아직은 전자세금계산서 발행 의무자가 아니지만, 세무서에서 발급받은 보안카드를 이용해 무료로 전자세금계산서를 발행하고 있죠. 이때 전산으로 발급하니 거래처도 좋아하고 무엇보다도 매출을 관리하기가 편리해요. 또 커피 손님들 대부분이 신용카드를 사용해서 따로 관리하는 건 없고, 현금영수증을 발급하지 않은 현금 매출만 기록해 두고 있어요. 비용은 세금계산서 또는 일반계산서를 받거나 사업용 신용카드와 현금영수증으로만 사용하고 있고요."

"전자세금계산서에 대해 말씀드리려고 했는데 벌써 발행하고 계셨다니. 제가 더 말씀드릴 게 없겠는데요?"

"전에 일했던 법인 사업체에서 배운 거예요. 아무래도 법인은 개인사업자보다 회계 업무가 체계적으로 운영되어서 많이 배울 수 있었어요. 아참! 어르신, 한 가지 더 궁금한 게 있는데, 커피숍인 경우 필요경비가 무엇이 있을까요?"

"음, 제가 커피숍을 운영해 보지는 않아서 잘은 모르겠지만, 아마 생두 매입, 커피 컵, 캐리어, 홀더 등 커피 부재료 구입 관련 비용과 아르바이트 급여, 가게 임차료, 전기·가스·수도 요금, 쿠폰 인쇄비, 배송비 등 사업 관련 비용 정도가 있지 않을까요? 그나저나 회계·세무 일이 용어가 생소해서 그렇지 해 보시니 할 만하시죠?"

"이제 조금은 할 만한 것 같아요. 부가가치세, 인건비와 관련된 원천세 신고, 지급명세서 제출은 어렵지 않게 하고 있거든요. 그 외 나머지는 아직도 어렵지만…."

"그래도 매번 반복되는 일이라 꾸준히 하다 보면, 어렵지 않게 하실 수 있을 거예요. 아, 그리고 한 가지 더 말씀드릴 게 있어요. 세금 업무를 줄일 수 있는 방법인데, 꽤나 도움이 될 거예요. 원천세 신고는 매달 하고 계시나요?"

"네. 매달 하고 있어요."

"그렇다면 이제는 그렇게 하지 마시고, 원천징수세액 반기별 납부 승인을 요청하도록 하세요. 이렇게 하면 원천세 신고를 6개월마다 할 수 있어요."

"오, 정말 매달 하는 것보다 훨씬 낫겠네요. 다음 원천세 신고부터는 꼭 반기별 납부 승인 요청을 통해 신고해야겠어요. 또 줄일 수 있는 게 있을까요?"

"네, 혹시 간이지급명세서라고 지급명세서와는 달리 신고하는 것이 생겨 제출해야 하는 게 많아지지 않으셨나요?"

"맞아요. 간이지급명세서는 왜 제출해야 하는 거예요?"

"소득 자료 매월 제출은 경제적 취약 계층에 대한 소득을 적시에 파악하여 고용 보험 확대 지원 이외에도 근로 장려금 심사, 경제 위기 시 지원금 지급 등 복지 행정 지원을 위한 것이라고 해요."

"좋은 취지이긴 하지만, 매달 신고해야 하는 입장에서는 번거롭긴 해요."

"그렇죠. 혹시 인건비 간편 제출 프로그램이라는 게 있는데, 활용해 보신 적 있으신가요?"

"아니요. 그게 뭐예요?"

"소득 자료 매월 제출에 따른 사업자의 신고 부담을 줄여주기 위해 손택스, 홈택스에서 제공하는 프로그램이에요. 종사직원 및 급여 내역은 물론, 일용·간이지급명세서 등의 과세자료제출명세서를 손쉽게 생성·제출할 수 있어요."

"그런 프로그램이 있는지 전혀 몰랐어요. 이 프로그램 역시 다음에 신고할 때 한 번 활용해 볼게요."

"아, 그리고 소기업·소상공인공제라고 노란우산공제에 가입하셨어요?"

"아뇨. 노란우산공제라는 게 있다고는 듣긴 했는데, 정확히 뭔지 잘 몰라서 가입하지는 않았어요."

"노란우산공제란 소규모사업자가 매월 일정 부금을 적립하여 폐업·사망·노령 시 생활 안정과 사업 재개를 도모할 수 있도록 국가가 지원하는 제도를 말해요. 즉 퇴직금 같은 거라고 생각하시면 돼요"

"퇴직금 같은 제도라···. 사실 매달 저축을 해야 된다는 걸 알면서도 먹고 살기 바쁘다는 핑계로 못하고 있어요."

"대부분 그렇죠. 개인연금도 미리 준비해야 된다는 걸 알면서도 우선순위에서 밀리게 되는, 다 먹고 살려고 하는 건데 말이에요."

"맞아요. 어르신, 하나만 더 여쭤볼게요. 노란우산공제에 가입하는 게 좋을까요? 회사에서는 퇴직하면 퇴직금이 나오는데, 사업은 퇴직금 같은 안전장치가 하나도 없어서 늘 걱정이 되긴 했거든요."

"제 생각에는 가입하는 게 좋은 거 같아요. 우선 종합소득세 신고 시 소기업·소상공인 공제부금 소득공제를 받을 수 있어요. 또 폐업 등의 사유로 공제금을 수령할 때 퇴직소득으로 분류과세가 되어 세금 혜택도 있고요. 단 폐업 전에 해지하게되면 세금이 되려 많아질 수 있으니 주위가 필요하긴 하죠."

"흠, 세금 혜택을 받자고 매달 불입하는 게 부담스러울 거 같기도 하고…."

"세금적인 혜택보다는 우리가 퇴직금을 운용하고 개인연금을 준비하는 이유가 무엇인지를 생각해 본다면 좋은 제도라고 생각해요."

"그렇군요. 노란우산공제 제도는 사업을 하면서 깊게 생각해 본 적이 없던 제도라 조금만 더 고민을 해 봐야겠어요."

"그래요. 급하게 생각하지 말고 시간을 두고 신중히 고민해봐요. 그나저나 커피숍 관리하는 일만으로도 바쁘실 텐데 회계관리까지 하려니 힘들지 않으세요?"

"물론 힘들죠. 하지만 지금은 제가 할 수 있는 선에서 해 보고, 사업이 크게 확장되면 그때 세무사에게 도움을 받으려고요. 또 도움을 받더라도 제가 기초적인 것은 알고 있어야 할 거 같아서 해 보고 있는 중이에요."

"사장님은 분명 잘하실 거예요. 마지막으로 한 가지 더 덧붙이자면, 서면으로 직접 신고서를 작성하는 건 어려워요. 또 기장 신고는 모바일 앱 손택스에서 할 수 없으니 인터넷 홈택스를 이용하시면 돼요. 혹시나 종합소득세 신고하시다가 모르는 게 생기면 언제든지 물어보세요."

"바쁘실 텐데 자세히 알려주셔서 정말 감사해요. 감사의 의미로 오늘 커피는 무료로 드릴게요."

"호호호, 고마워요. 잘 마실게요."

703호 할머니께서 알려주신 내용들을 한 번에 다 이해하지는 못했지만, 전체적인 윤곽은 알 것 같다. 첫술에 배부르랴. 내년, 내후년, 아니 사업을 하면서 계속 알아가야 하는 세금이므로 한 단계 한 단계 나아지면 되겠지. 그래! 종합득세 신고, 한 번 해 보는 거다! 해 보자.

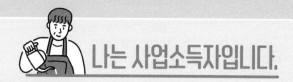

나는 사업소득자입니다.

1. 사업소득금액

1) 계산 구조

	계산 구조	내용
	총수입금액	-
-	필요경비	매입 비용, 인건비, 임차료 등 사업에 사용한 경비
=	사업소득금액	-

2) 기장 의무와 경비율-직전 연도 업종별 수입금액 기준으로 판단

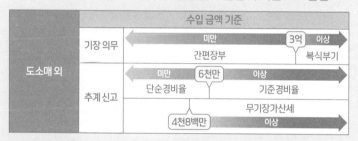

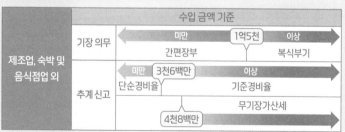

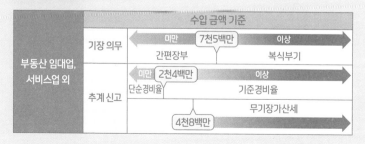

2. 간편장부

1) 작성 방법

국세청 홈페이지 〉 국세 신고 안내〉 종합소득세 〉 장부기장 의무 안내 〉 간편장부 안내

① 일자	② 계정과목	③ 거래내용	④ 거래처	⑤수입 (매출)		⑥비용 (원가관련 매입포함)		⑦고정자산 증감(매매)		⑧ 비고
				금액	부가세	금액	부가세	금액	부가세	
1.2	재료비 매입	생두	수입사			2,000,000				신카
1.3	급료	아르바이트	유진			500,000				일용근로 소득 원천징수

2) 사업용 신용카드·현금영수증카드 등록

손택스 〉 조회·발급 〉 사업자 신용카드 〉 사업용 신용카드 등록

손택스 〉 조회·발급 〉 현금영수증 수정 및 발급수단 〉 사업자 발급수단 관리

- · 사업자용으로 용도변경
- · 자진발급분 소비자 등록
- · 자진발급분 사업자 등록
- · 세액공제 확인/변경
- · 중고차거래를 일반거래로 변경
- · 지출증빙 거래지정
- · 주민등록번호 중복공 본인확인
- · 소비자 발급수단 관리
- · 소비자 전용카드 신청
- · 사업자 발급수단 관리
- · 사업자 전용카드 신청

3) 인건비

손택스 〉 신고·납부 〉 원천세

원천세 정기 신고

근로소득 입력	일용근로소득 입력

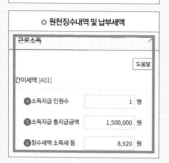

사업소득 입력	원천세 신고 및 납부세액

4) 인건비 간편 제출

손택스 〉 신청·제출 〉 복지이음〉 인건비 간편 제출	사원 정보 입력 〉 지급명세서 제출과 연동

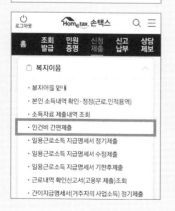

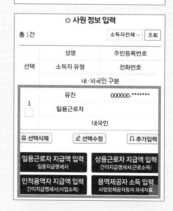

3. 종합소득세 신고 방법

*기장 신고는 모바일 앱 손택스에서 신고할 수 없음

홈택스 > 신고/납부 > 세금 신고 > 종합소득세 > 일반 신고 > 정기 신고

종합소득세 신고

| 세금신고 | 신고내역 조회 (접수증·납부서) | 신고 부속·증빙서류 제출 | 삭제내역 조회 |

신고서 작성 개인에게 귀속되는 각종 소득을 종합하여 과세하는 소득세

☑ 금융소득 조회   ☑ 신고도움서비스

- 모두채움 신고/단순경비율 신고 (E, F, G)
- 일반 신고 (모든 신고안내유형)
- 근로소득 신고 (T)
- 분리과세 주택임대 신고 (V)

정기신고   기한후신고   수정신고   경정청구

세금 단순신고 (미케프로그램)

◎ 사업소득 기본사항

| 사업자 등록번호 | 있음 ▼ 000 - 00 - 00000 조회 | 상호 | |

| 업종코드 | 154901 조회 업종코드 도움말 |

| 소득구분 | ○ 부동산임대업의 사업소득(30)　　　　　　　　○ 동업기업에서 배분받은 부동산임대업의 사업소득(31)
 ● 부동산임대업 외의 사업소득(40)　　　　　　○ 동업기업에서 배분받은 부동산임대업외의 사업소득(41)
 ○ 주택임대업의 사업소득(32) |

| 업태 | 제조업 | 종목 | 식료품 제조업 |
| 기장의무 | 간편장부대상자 ▼ | 신고유형 | 간편장부 ▼ |

| 주소 | 도로명 주소 :
 지번 주소 : |
| 소재지 | 국내 ▼ | 소재지국 | KR 대한민국 조회 |

| 공동사업자 여부 | ○ 여 ● 부
 ※ '여' 선택 후 대표자를 입력하세요 | 비과세농가 부업소득 | ○ 여 ● 부 |

총수입금액 및 매출원가 입력

◎ 총수입금액 및 필요경비계산

▶ 장부상 수입금액

11. 매출액	100,000,000
12. 기타	0
13. 수입금액 합계(11+12)	100,000,000

▶ 매출원가

14. 기초 재고액	0
15. 당기 상품 매입액 또는 제조비용(24)	30,000,000
16. 기말 재고액	0
17. 매출원가(14+15-16)	30,000,000

제조비용

18. 재료비 기초 재고액	0
19. 재료비 당기 매입액	30,000,000
20. 재료비 기말 재고액	0
21. 당기 재료비(18+19-20)	30,000,000
22. 노무비	0
23. 경비	0
24. 당기 제조비용(21+22+23)	30,000,000

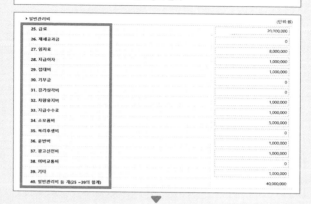

필요경비 입력

> 일반관리비

(단위: 원)

25. 급료	20,000,000
26. 제세공과금	0
27. 원자료	8,000,000
28. 지급이자	1,000,000
29. 접대비	1,000,000
30. 기부금	0
31. 감가상각비	0
32. 차량유지비	1,000,000
33. 지급수수료	1,000,000
34. 소모품비	5,000,000
35. 복리후생비	0
36. 운반비	1,000,000
37. 광고선전비	1,000,000
38. 여비교통비	0
39. 기타	1,000,000
40. 일반관리비 등 계(25 ~39의 합계)	40,000,000

간편장부 소득금액 확인

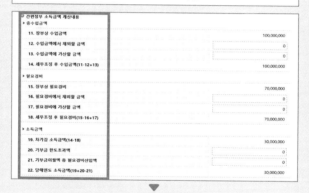

> 간편장부 소득금액 계산내용
> 총수입금액

11. 장부상 수입금액	100,000,000
12. 수입금액에서 제외할 금액	0
13. 수입금액에 가산할 금액	0
14. 세무조정 후 수입금액(11-12+13)	100,000,000

> 필요경비

15. 장부상 필요경비	70,000,000
16. 필요경비에서 제외할 금액	0
17. 필요경비에 가산할 금액	0
18. 세무조정 후 필요경비(15-16+17)	70,000,000

> 소득금액

19. 차가감 소득금액(14-18)	30,000,000
20. 기부금 한도초과액	0
21. 기부금이월액 중 필요경비산입액	0
22. 당해연도 소득금액(19+20-21)	30,000,000

세액계산

항목			번호	금액
과세표준(19-20)			21	28,500,000
세율(%)			22	15.00
산출세액			23	4,195,000
세액감면			24	0
세액공제			25	90,000
결정세액	종합과세(23-24-25)		26	3,105,000
	분리과세소득		27	0
	합계(26+27)		28	3,105,000
가산세			29	0
추가납부세액 (농어촌특별세의 경우에는 환급세액)			30	0
합계(28+29+30)			31	3,105,000
기납부세액			32	0
납부(환급)할 총세액(31-32)			33	3,105,000

5편

503호 세국대 교수

가다아파트

안내를 제대로 했어야지!

'이 비행기는 인천공항까지 가는 한국항공 KE024편입니다. 샌프란시스코에서 출발하여 인천공항까지 예정된 비행시간은 이륙 후 13시간입니다. 기장을 비롯한 저희 승무원들이 여러

분을 정성껏 모시도록 하겠습니다. 편안하고 즐거운 시간 보내시기 바랍니다. 감사합니다.'

비행기 창밖으로 샌프란시스코가 멀어지고 있다. 코로나19로 인해 2년 동안 만나지 못했던 아내와 두 아들을 오랜만에 만나고 돌아가니 기분이 좋으면서도 씁쓸하다. 어느새 가족과 떨어져 산지도 5년이 다 되어 간다. 그럼에도 매번 가족과 헤어질 때면 마음이 너무나 아프다. 나이가 들수록 가족이 더 그리워지는 탓일까, 자식 앞길을 위해 무엇이든 못하랴 싶다 가도 이렇게 떨어져 지내는 것이 최선인지 고민을 하게 된다. 그렇게 꽤 오랫동안 가라앉은 마음을 추스른 후, 며칠 뒤에 열리는 세미나를 위해 자료 준비를 시작한다. 맡고 싶지 않았던 연구소장이 되어서 세미나 준비를 해야 하는 것이 탐탁지 않다. 동료들은 학생처장, 교양학부장 등 감투만 잘 쓰던데, 내게 주어지는 자리는 연구소장뿐이다. 그래서일까? 하기 싫은 일을 억지로 해야 한다는 생각이 들면서 연구 자료가 눈에 들어오지 않는다. 게다가 꾸역꾸역 읽다 보니 오히려 머리가 지끈거리기 시작한다.

잠시 뒤, 두통으로 인해 잠이 들었는지 착륙 안내 방송이 나오고 나서야 잠에서 깼다. 그리고 그 덕분에 결국 세미나 준비는 아무것도 하지 못한 채 비행기에서 내렸다. 이후 짐을 찾고, 택시에 탑승하여 집으로 향한다. 샌프라시스코나 서울이나 어두운 도시를 비추는 야경은 언제나 아름답다. 넋 놓고 야경을 감상하다 보니 어느새 저 멀리 가다아파트가 보인다.

집에 돌아오니 좋다. 가족들과 떨어져 서운한 마음은 잠시 잊고, 나의 공간이 주는 안정감을 느껴본다. 그렇게 잠깐의 여유를 즐긴 뒤, 짐 정리를 대충하고 샤워를 하기 위해 옷을 벗는데 인터폰이 울린다.

"안녕하세요, 교수님. 세무서에서 등기 우편물이 왔어요."

"어쩌죠? 지금 내려갈 수가 없어서요. 저 대신 좀 수령해 주시겠어요?"

"네. 그럼 제가 수령할 테니 나중에 오셔서 찾아가세요."

"네. 고맙습니다."

인터폰 통화가 종료되고, 화장실로 들어가 욕조에 몸을 담근다. 따뜻한 물에 몸을 담그니 피로가 가시는 것 같다. 이후 샤워를 마치고 캐리어에서 짐을 꺼낸 뒤, 다시 새 옷들을 챙겨 입고 세미나 장소인 대전으로 향한다.

그렇게 몇 시간을 운전했을까, 어느새 대전에 위치한 숙소에 도착을 했다. 물론 아직 여행의 피로가 전부 풀리지 않아 머리는 무겁지만, 더 이상 세미나 준비를 미룰 수 없어 핸드폰을 끄고, 곧바로 연구 자료에 집중한다. 그로부터 며칠이 지나고, 밤을 새워가며 노력한 끝에 세미나 준비를 끝마쳤다. 이후 오랜 시간 꺼두었던 핸드폰의 전원을 켜 밀린 메시지들을 확인하는데, 빨리 연락 달라는 동료 안 교수의 메시지가 눈에 들어온다. 무슨 일이 생긴 건지, 서둘러 안 교수에게 전화를 건다.

"정 교수, 왜 이렇게 전화를 안 받아?"

"세미나 자료 준비하고 있었어. 왜, 무슨 일 있어?"

"다른 게 아니고, 이번 세미나에 총장님이 참석하신데."

"뭐, 총장님이? 총장님이 왜 이런 연구 세미나에 오신데?"

"요즘 사회적 이슈가 되고 있는 주제라 참석하신다고 들었어."

"그래? 근데 그걸 이제 얘기하면 어떡해. 바로 내일이 세미나 시작일인데."

"나도 어제 알았어. 그러게 핸드폰을 왜 꺼나?"

"세미나 준비하느라 꺼놨다니까. 그나저나 어쩌지, 세미나 준비가 미흡한 거 같은데."

"총장님이 가신다고 세미나 자료가 바뀌는 건 아니잖아?"

"그거야 그렇지만, 가족들한테 갔다 오느냐고 세미나 준비하는 시간이 부족했거든."

"지금이라도 알아서 다행이라고 생각해."

"그래. 사료를 좀 더 보완해야겠어. 알려줘서 고마워."

"고맙긴. 이번 기회에 총장님 눈에 들게 잘 해봐."

"알겠어."

통화가 끝나고 다시 연구 자료를 훑어보려 하는데, 전화벨이 요란하게 울린다. 모르는 번호라 안 받을까 하다가 총장님 관련 전화일 수 있어서 전화를 받았다.

"여보세요?"

"가다아파드 603호 교수님이시죠?"

"네. 그런데요. 누구시죠?"

"안녕하세요. 저는 가다아파트 3동 초소 경비원입니다."

"아, 네. 안녕하세요. 그런데 무슨 일로?"

"며칠 전에 교수님 앞으로 등기 우편물 왔던 거 기억하시죠? 그때 교수님 말씀 듣고 일단 수령은 한 상태인데, 아직까지 등기 우편물을 안 찾아가셔서 연락드렸습니다."

"아, 잊고 있었어요. 제가 지금 지방에 내려와 있어서 집에 가면 바로 찾으러 갈게요."

"세무서에서 온 건데, 빨리 보셔야 하지 않을까요?"

"아, 괜찮아요. 세무서에서 올 우편물이 딱히 없거든요."

"알겠습니다. 그럼 집에 오시면 바로 찾아가주세요. 잘 보관하고 있겠습니다."

"네. 고맙습니다."

이후 핸드폰의 전원을 끄고, 다시 연구 자료를 검토했다. 이번 세미나에서는 꼭 많은 이들의 눈도장을 받으리라. 몇 시간 집중해서 연구 자료를 검토하니 어느덧 새벽 4시가 지났다. 조금 있다 열릴 세미나를 위해 잠깐 동안 눈을 붙인다.

다행히도 세미나는 잘 진행되었다. 그렇게 세미나가 끝나고 가벼운 마음으로 집으로 돌아왔다. 안도의 한숨과 함께 주차장에 차를 주차하는데, 경비 아저씨가 다가온다.

"안녕하세요, 교수님. 잘 다녀오셨어요? 등기 우편물 전해드리려고요"

"감사합니다. 일이 있어서 늦었네요. 요 며칠 괜히 저 때문에 신경 쓰신 거 아닌지…"

"아닙니다. 저는 괜찮은데, 우편물이 늦게 전달돼서 교수님께 문제가 생기지는 않을까 괜히 걱정이 되더라고요."

"세무서에서 올 게 없는데 무엇인지 모르겠네요. 올라가서 확인해 보겠습니다. 전해주셔서 감사해요."

"네. 올라가서 쉬세요."

　세미나가 진행되는 동안 긴장을 하고 있었는지 집에 들어오자마자 온몸에 힘이 풀린다. 곧바로 따뜻한 물에 몸을 씻고, 소파에 누워 TV를 켠다. 오랜만에 취하는 꿀 같은 휴식 시간, TV 채널을 여기저기 돌리다가 커피 한 잔을 마시기 위해 주방으로 간다. 그리고 그제서야 눈에 들어오는 등기 우편물. 지금까지 세무서에서 온 우편물 중 크게 중요했던 것은 없었기에 별생각 없이 우편물을 뜯어보았다. 그런데 이게 무슨 일인가. 종합소득세 신고를 하지 않아 고지한다는 글과 함께 납부할 세액이 적혀 있었다. 잘못 본 건 아닌지, 내 눈을 의심하고 다시 납

부할 세액을 확인해 보지만, 잘못 본 게 아니다. 그렇게 상황의 심각성이 피부로 느껴지자 그때부터 가슴이 쿵쾅거리고 쉬이 진정되지 않는다. 이를 어떻게 하면 좋을지…. 잠깐 동안 고민하다 세무서에 전화를 걸었다.

"안녕하십니까. 서울세무서 소득세과 이조사관입니다."

"세금 납부하라는 용지를 받고 전화를 했는데요. 저한테 발송된 게 맞는지 확인하려고요."

"주민등록번호를 불러봐 주시겠어요. 고지서 발송 내역을 확인해 보겠습니다."

주민등록번호를 부르자 잠시 기다려 달라고 한다. 그렇게 잠깐의 침묵이 흐른 뒤, 세무공무원이 다시 말을 이어간다.

"확인해 보니 종합소득세 신고가 되지 않아 고지서가 나갔습니다."

"네? 무슨 신고를 안 해요. 지금까지 대학교에서 20년 가까이 교수 생활하면서 연말정산은 알아서 다 해줬는데. 난 신고할 게 없는 사람이에요."

"아, 그러시군요. 그런데 확인 결과, 근로소득과 1,300만 원의 사적연금소득이 선생님 성함으로 확인이 되었어요. 2023년부터 소득세법이 개정되어 사적연금에 변경사항이 있지만,

2021년 귀속분에 대한 사적연금은 1,200만 원을 초과하면 다른 소득과 합산하여 종합소득세 신고를 하셨어야 해요."

"아니, 근로소득에 대한 세금을 내고 있는데 무슨 세금을 또 내라고 하는 겁니까?"

"물론 근로소득만 있는 경우, 연말정산을 하면 5월에 종합소득세 신고를 안 해도 되는 것은 맞습니다. 하지만 종합소득세는 누진세율 적용을 받기에 선생님처럼 타 소득이 있는 경우에는 근로소득과 타 소득을 합산해서 신고하셔야 합니다."

"좋아요. 그럼 어느 정도 기간을 줘야지 신고하라는 말도 없이 납부하라고 하면 납득이 됩니까?"

"전산 안내문 발송 현황을 확인해 보니 카카오페이 매체로 종합소득세 신고 안내가 된 것으로 확인됩니다."

"카카오톡을 사용하지 않는 사람이면 어떻게 합니까?"

"문자와 일반 우편으로도 안내가 되고 있습니다."

"카카오톡, 문자, 일반 우편으로도 받지 못한 사람은요?"

"안타깝지만 종합소득세 신고 안내는 종합소득세 신고 및 납세 편의를 위해 세정 서비스 차원에서 이루어지는 것에 불과하므로, 모바일 또는 일반 우편을 통해 신고 안내를 받지 못하였다 하더라도 무신고에 대한 정당한 사유가 될 수 없습니다."

"그게 지금 말이나 된다고 생각하십니까? 내가 알았으면 신고를 했겠죠. 그리고 낮에 직장에 있는데 어떻게 집에서 등기 우편을 받습니까?"

"선생님처럼 수취인이 집에 없는 경우가 많아 모바일로 고지서 배달 상황을 확인할 수 있고, 집배원과 전화 연락, 수령 희망 장소를 선택할 수 있도록 국세 고지서 알림 서비스를 제공하고 있습니다. 또한 전자 송달을 신청하면 종이 고지서가 우편으로 발송되지 않고, 전자 고지 알림 메시지가 수취인의 휴대 전화로 발송되며, 이외에도 국세청 홈택스를 통해 고지서를 확인할 수 있습니다."

"알겠습니다. 그럼 앞으로는 전자 송달로 고지서를 받도록 할게요. 그러니 이번에 고지된 금액에서 가산세는 없던 일로 해 주세요."

"죄송하지만 가산세는 납세자가 정당한 이유 없이 법에 규정된 신고 또는 납세 의무를 위반한 경우에 부과하는 행정상의 제제로써, 법령의 부지는 그 정당한 사유에 해당하지 않습니다. 다시 한번 도움을 드리지 못해 죄송합니다."

"아니, 몇 번을 말합니까! 내가 종합소득세 신고·납부해야 하는 걸 알았으면 당연히 했죠. 몰랐으니깐 못 한 건데 이렇게 억울한 경우에도 가산세를 내야 합니까? 보험 회사에서 연금 수령을 하게 되면 세금을 내야 된다는 말을 해 주지 않았다고요. 그리고 국세청에서 제대로 안내를 했어 봐요. 이런 일이 생겼겠습니까?"

"선생님의 사정은 충분히 이해합니다. 하지만 종합소득세 납부세액 고지는 정당한 것이라 제가 어떻게 도와드릴 수 있는 방법이 없습니다."

"알겠어요. 그럼 그쪽이 알아서 하세요. 난 가산세는 절대 못 내니끼 두 번 다시 뭐 납부하라는 연락은 하지도 마시고요."

신경질적으로 전화를 끊었다. 신고를 일부러 안 한 것도 아니고 그저 제대로 알려주지 않아서 못 한 것뿐인데 가산세까지 납부하라니 정말 어이가 없다. 가뜩이나 달러 환율 변동으로 아이들 학비 내는 것도 힘들어지고 있는데, 세금까지 납부하라니 화가 치밀어 오른다. 화가 가라앉지 않은 채 보험사 고객센터로 전화를 건다.

"안녕하십니까. 무엇을 도와드릴까요?"

"아, 다른 게 아니고 연금 상품 가입할 때 55세에 수령할 건지, 60세에 수령할 건지 선택하라고 해서 55세부터 수령하는 걸로 선택해서 작년부터 연금을 받기 시작했어요. 그런데 연금을 받았다고 종합소득세를 내라고 합니다. 이게 말이나 된다고 생각하십니까? 연금 상품 가입할 때 세금을 더 내야 된다고 말 안 했잖아요. 알았다면 다른 선택을 했을 텐데 무슨 설명도 하나 안 해 주고, 이래도 되는 겁니까?"

"고객님, 우선 죄송하다는 말씀 먼저 드리겠습니다. 고객님의 말씀대로 연금 상품 안내 시 세금 안내까지는 되지 않는 걸로 알고 있습니다. 우선 조금 더 정확한 확인을 위해 가입하셨던 센터로 연결해서 담당자가 전화 드리도록 하겠습니다."

"빨리 연락하라고 해요."

"네, 알겠습니다. 고객님."

근로소득과 함께 연금소득이 있으면 세금에 영향 있다는 걸 연금 상품 가입 당시 알려줘야 하는 거 아닌가? 그럼 연금 수령하는 연령을 늦췄을 텐데…. 대학교와 관련된 일만으로도 머리가 복잡한데, 세금까지 신경 쓰려니 머리가 더 아파온다. 앞으로 어찌해야 할까. 나중에 703호 할머니에게 도움을 청해봐야겠다.

연금소득이 뭐예요?

　매달 받는 월급은 정해져 있는데, 환율 변동으로 인해 미국에 보내는 생활비는 점점 줄고 있다. 그래서일까, 제자들이 창업해서 경제적 부를 이루었다는 이야기를 들을 때면, 그들의

열정과 도전이 마냥 부럽다. 한편 교수들 사이에서도 창업 열풍이 거세지고 있다. 그동안 교수는 강의하고 연구만 해야 된다는 고지식한 생각을 해 왔지만, 정년이 다가올수록 미국에 있는 가족들의 생활비가 걱정이 되는 건 사실이다. 나 역시 창업이라도 해야 하는 걸까. 답답한 마음에 집 앞 공원으로 산책을 나갔다. 벤치에 앉아 푸른 나뭇잎을 보며 시원한 공기를 마시니 답답한 마음이 조금은 풀리는 것 같다. 그때 마침 703호 할머니가 공원 앞을 지나간다.

"어디 다녀오세요?"

"손녀딸 학원에 갈 시간이라 지하철역까지 데려다 주고 돌아오는 길이에요. 추운데 왜 밖에 나와 계세요?"

"답답해서 바람 쐬고 있었어요."

"무슨 일 있으세요? 안색이 안 좋아 보여요."

"신경 쓸게 많다 보니 스트레스를 받나 봐요."

"경비 아저씨한테 종합소득세 고지서 이야기 들었어요."

"아, 그러세요? 억울한 마음이 크다 보니 화도 나고, 답답하고…. 그냥 이것저것 골치 아파 죽겠네요."

"뭐라고 위로를 해드려야 할지…. 세법을 몰라 불이익 당하는 경우를 많이 봐와서 참 안타까워요."

"너무 억울해요. 일부러 세금을 안 내려고 한 게 아니라 몰라서 못낸 건데, 가산세 부담은 좀 아니지 않나요?"

"물론 교수님 상황도 충분히 이해가 돼요. 하지만 몰라서 세금 신고·납부를 못했다고 하면 행정상의 제제인 가산세 제도 자체가 무너지지 않을까요? 모든 경우에 몰라서 못했다고 하면 어떻게 제재를 할까 싶어요. 또한 신고 기한에 제때 신고·납부하는 분들과의 형평성에도 맞지 않을 테고요. 만약 행정상의 제재가 없다면 세금 신고·납부를 해야 된다는 걸 알면서도 신고·납부를 미루려고 하지 않을까요?"

"그렇긴 한데…. 저는 정말로 몰랐다고요. 일부러 세금을 안 내는 탈세와는 다르죠."

"잘 알죠. 그래서 가산세에도 차이가 있어요. 상황에 따라 가산세 감면이 되거나 더 가중되어 부과되는 경우가 있죠."

"세금에 대해 잘 모르다 보니 신고해야 하는지 몰랐어요. 어르신, 어떻게 해결할 수 있는 방법이 없을까요?"

"납부해야 할 세금에 부당함이 있다고 생각한다면, 이에 대한 이의를 제기할 수 있어요. 이를 불복청구라고 하죠. 교수님의 경우 고지서를 받고 90일이 지나지 않았기 때문에 이의신청 또는 심사·심판청구라는 불복청구를 제기할 수 있어요."

"소송 같은 거라고 생각하면 되는 건가요?"

"맞아요. 세금을 부과한 세부서에 위법 또는 부당한 처분을 받거나 필요한 처분을 받지 못하면, 그 처분의 취소 또는 변경을 청구하거나 필요한 처분을 청구할 수가 있어요. 혹시 고지서를 받기 전에 과세예고통지를 받으셨나요?"

"네. 고지서 받기 한 달 전쯤에 우편물이 온 게 있었어요."

"보통 납부·고지하려는 세액이 100만 원 이상인 경우, 고지 전에 과세예고통지를 보내게 돼요. 그리고 이 과세예고통지를 받고 30일 이내 통지 내용의 적법성에 관한 심사를 청구할 수 있죠. 이를 과세전적부심사라고 해요."

"그렇군요. 근데 불복청구나 과세전적부심사가 있다고 해도 저 같은 경우에는 고지된 게 취소되지는 않겠지요? 하다 못해 납부금액이 변경된다거나…"

"솔직히 말씀드리면, 교수님의 상황은 불복청구를 하더라도 고지가 취소되기는 어려울 거 같아요. 과세예고통지를 받고 어떤 소득이 왜 과세되는지 알아보고 고지되기 전에 내가 할 수 있는 일은 무엇인지, 또 조기 결정 신청을 하면 가산세는 얼마가 줄어들고, 고지가 된다면 언제 고지서가 도달되는지 등을 알아보셨다면 상황이 달라졌을 수도 있었겠지만요."

"과세예고통지서가 무엇을 의미하는 건지, 한 달 후 고지서가 오는 건지 전혀 몰랐어요."

"그렇죠. 세금에 대해 관심이 없다면 알 수 없는 내용이죠. 또 한 가지만 더 말씀드리면, 미국 여행과 지방 출장으로 오랜 시간 집을 비울 예정이었으면 조기 결정 신청을 하거나 전자 고지서를 신청하는 편이 나았을 것 같아요."

"결국 그런 제도들을 몰라서 생긴 일이네요."

"너무 상심하지 마세요. 이제 아셨으니 앞으로 잘못하는 일은 없으실 거예요."

"수업료 치곤 너무 비싸네요. 그나저나 앞으로 연금소득을 어떻게 해야 될지도 고민이에요. 근로소득과 합산돼서 세금이 많아진다는 걸 알았다면 55세에 수령하지 않았을 텐데…."

"연금 수령을 잠시 중단하거나 수령액을 줄일 수 있는지 확인해 보세요. 연금 수령을 55세부터 하겠다고 계약했어도 수령 시기를 늦출 수 있고, 수령 방법도 변경 가능한 경우가 있다고 해요. 교수님처럼 근로소득의 세율이 높다면 근로소득이 발생되지 않는 연도에 연금소득을 받아 소득을 분산시키는 것도 세테크에 한 방법이니 자세히 알아볼 필요가 있죠."

"한 번 알아봐야겠어요. 아참, 그리고 세무서 직원이 사적연금 관련해서 올해부터 바뀐 게 있다는데, 그게 뭔가요?"

"아, 사적연금 변경사항을 말씀하시는 것 같네요. 간단해요. 종전에는 사적연금 1,200만 원까지는 낮은 비율의 분리과세를 적용하였고, 1,200만 원을 초과하는 경우에는 다른 소득과 합산하여 종합소득세를 신고하도록 하였어요. 그러다가 2023년 귀속분부터는 1,200만 원을 초과하는 경우, 16.5% 세율의 분리과세와 종합과세 중 유리한 방법을 선택할 수 있도록 변경되었죠."

"그럼 저 역시 종합과세가 아닌, 분리과세를 선택해서 신고할 수 있는 건가요?"

"네. 종합과세 세율이 분리과세 세율보다 높다면 분리과세를 선택하는 게 유리할 거예요."

"그렇군요. 그럼 저에게 유리한 걸로 선택하면 되겠네요. 그나저나 연금에도 세금이 있다는 걸 알았다면, 연금 불입을 하지 않았을 것 같기도 해요. 차라리 연금을 받지 않고, 세금을 안 내는 게 나을 수도 있잖아요.

"그건 잘못된 생각이에요. 물론 연금소득으로 발생하는 세금이 있긴 하지만 연금계좌에 불입 시 받는 세금 혜택과 운용 수익을 생각한다면 불입하는 게 여러모로 이득이거든요. 부동산, 주식 투자만큼 연금 투자도 중요한 시대이니까요."

"그런가요? 30대부터 연금계좌에 불입하기 시작했는데 쉽지는 않았어요. 고정적인 월급에서 생활비, 대출금, 교육비를 제외하고 일정한 연금 불입액을 떼어 놓는 게 어려웠거든요."

"맞아요. 노후를 위해 연금을 준비해야 된다는 걸 알면서도 실행하는 것은 어렵죠. 하지만 어려워도 3가지 연금을 준비해야 해요."

"3가지 연금이요? 그게 뭔가요?"

"우리나라는 연금 체계를 공적연금, 퇴직연금, 개인연금으로, 총 3층 구조로 구분하고 있어요. 이를 3층 연금 체계라고 하죠. 먼저 공적연금은 국민연금, 공무원, 군인, 사립학교교직원연금 등을 말하며, 의무적으로 가입을 해야 해요. 그래서 이로 인한 연금소득세는 누구에게나 발생할 수 있죠."

"공적 연금도 세금을 내는 게 있는 건가요?"

"네. 2001년 12월 31일 이전 불입액에서 발생하는 연금 수령액과 2002년 1월 1일 이후 불입액 중, 소득공제를 받지 않은 금액에서 발생하는 연금 수령액은 비과세가 되지만, 소득공제를 받은 연금수령액은 연금소득세를 내게 돼요."

"아, 이해됐어요. 쉽게 말해 소득공제 받은 공적연금에 대해서는 공적연금 수령 시 연금소득세를 낸다는 거네요?"

"그렇죠. 다만 소득이 많을 때 연금보험료 공제를 해 주어 세금 부담을 덜어주고, 은퇴 후 연금소득에 대해 낮은 세율을 적용받기에 손해를 보는 건 아닌 거 같아요."

"그렇군요. 그런데 공적연금소득 수령 시 세금을 낸다는 것을 아는 사람이 많지 않을 거 같아요. 저만해도 이러한 사실을 아예 모르고 있었거든요."

"맞아요. 그래서 본인이 부모님을 본인의 인적공제 대상자로 넣고자 할 때, 부모님이 수령하는 공적연금을 소득으로 생각 못하고 인적공제에 넣는 분들이 많으세요. 부모님의 소득이 있는데, 없다고 생각하는 거죠."

"정말 그럴 수 있겠네요."

"따라서 부모님이 수령하는 공적연금이 과세되어 소득금액이 100만 원 이상이면 본인의 인적공제 대상자가 될 수 없기 때문에, 반드시 부모님이 수령하는 공적연금이 과세되고 있는지 확인해 봐야 해요."

"어떻게 확인할 수 있나요?"

"연금소득원천징수영수증을 통해 연금소득금액을 확인할 수 있어요. 이때 이 원천징수영수증은 국민연금공단이나 국세청 홈택스에서 발급받을 수 있고요."

"간단하네요. 아, 그런데 만약 부모님이 원천징수영수증을 확인하지 못하시는 경우에는 어떻게 하나요?"

"그런 경우에는 대략적인 금액으로 파악하시면 돼요. 예를 들어 부모님의 과세 대상 총연금액이 516만 원 이하일 경우, 그 금액에서 연금소득공제를 차감하면 연금소득금액이 100만 원 이하가 되죠. 이처럼 총연금액이 516만 원 이하인지 확인한 뒤, 그 금액에서 연금소득공제를 차감하면 대략적인 금액을 알 수 있어요. 보통 공적연금소득만 있는 경우, 근로소득처럼 연말정산만으로 납세 의무가 종결되기 때문에 세금을 떼고 있는지 모르고 있는 분들이 많을 거예요."

"맞아요. 공적연금소득도 연말정산을 하는 줄 몰랐어요. 연말정산은 어떻게 하는 건가요?"

"공적연금기관을 통해 연말정산을 할 수 있어요. 다만 연금소득자는 인적공제, 자녀·표준세액공제 등 공제 항목이 생각보다 많지 않아요. 따라서 공제 대상 가족 수의 변동이 있을 경우에는 미리 공제가 가능하도록 공적연금기관에 알리는 것이 가장 중요하죠."

"그럼 근로소득이나 다른 소득이 있을 때도 공적연금은 연말정산만으로 납세 의무가 종결되나요?"

"그렇지 않아요. 만약 근로소득, 주택임대소득 등 다른 소득이 있다면 공적연금 역시 다른 소득과 합산하여 5월에 종합소득세 신고를 해야 해요."

"저 같은 경우는 근로소득과 연금소득을 합산해서 신고해야 되는데 신고하지 않아서 고지가 나온 거죠?"

"네. 다만 교수님의 경우는 공적연금이 아닌, 사적연금이 1,200만 원을 초과하여 종합합산과세가 된 경우예요. 제가 앞에서 연금은 총 3층 연금 체계로 구분되어 있다고 말씀드렸는데, 그 중 공적연금은 금액 기준 없이 타 소득이 있으면 종합소득세 합산 신고 대상이 돼요. 반면 사적연금은 퇴직연금, 개인연금 등 일정한 요건에 의해 발생하는 금액이 1,200만 원을 초과하는 경우에 종합소득세 합산 신고 대상이 되죠. 아! 그리고 2023년부터는 사적연금이 1,200만 원을 초과하는 경우, 16.5% 분리과세로도 선택이 가능해요."

"그렇다면 사적연금이 1,200만 원 이하인 경우라면 어떻게 되나요?"

"납세자의 선택에 따라 종합소득세 신고 시 합산하지 않고 분리과세로 납세 의무가 종결될 수 있어요."

"그럼 분리과세를 하는 게 유리한 건가요?"

"어떤 게 유리한지는 이것저것 따져봐야 해요. 만약 타 소득이 있어서 세율이 높다면 분리과세가 유리할 수 있지만, 다른 소득이 없고 부양가족이 많다면 종합소득세 신고가 유리할 수도 있거든요. 이처럼 연금소득뿐만 아니라 선택적 분리과세가 되는 기타소득, 주택임대소득 등 본인에게 어떤 것이 유리한지 따져봐야 해요."

"어떤 게 나은지 따지는 것도 번거롭겠네요."

"그래서 더 나은 선택이 있음에도 안 하게 되죠. 아쉬운 부분이에요."

"그러고 보면 세금 교육이 잘 안 되어 있는 것 같아요. 이런 걸 학교나 회사에서 알려주었다면 지금 이렇게까지 고생하고 있지는 않을 텐데 말이에요."

"그렇죠. 다만 학생 때는 세금이 와 닿지 않으니 교육이 안 되고, 어른이 되어서는 해야 할 일들이 많아 회사에서도 세금 교육을 잘 진행하지 않죠. 연말정산 시즌쯤에 한 번씩 하면 좋을 텐데 말이에요."

"맞아요. 그리고 일상생활에 필요한 금융·세금 교육도 중요한 거 같아요. 전에 연금 상품을 고르는데 선택하기 어려워서 금융 교육의 필요성을 느꼈거든요."

"아마 연금 상품의 종류가 매우 다양해서 그러셨을 거예요. 교수님뿐만 아니라 많은 분들이 상품의 종류가 많다 보니 선택을 어려워하세요. 그러다가 결국 아무거나 선택하는 분들도 꽤 있고요."

"생소한 용어들이 많이 나오다 보니 더 그러는 것 같아요."

"그런 이유도 분명 있을 거예요. 하지만 노후를 위한 것이니만큼 복잡하고 어려워도 자신에게 맞는 상품으로 잘 선택하는 게 중요해요. 공적연금에 대해서는 아까 말씀드렸고, 이어서 퇴직연금과 개인연금에 대해 정리해 볼게요. 퇴직연금은 확정급여형(DB), 확정기여형(DC), 개인형퇴직연금(IRP) 이렇게 구분이 되고, 개인연금은 연금저축, 연금저축보험, 연금저축펀드, 연금저축신탁 등으로 구분이 돼요."

"상품 종류가 정말 많네요. 저를 포함해서 많은 분들이 망설일 만한 것 같아요."

"그렇죠. 그럼에도 연금 상품은 한 번 불입하면 수령 시까지 자금을 이용할 수 없으니 처음에 신중하게 잘 골라야 해요. 물론 금융사·증권사마다 상품 종류가 많아 망설여지기는 하지만, '운용사에서 알아서 해주겠지' 하는 마음으로 상품을 선택해서는 안 돼요. 상품을 선택하기에 앞서 내가 운용할 수 있고,

세액공제, 과세이연이라는 세제 혜택을 이용해 복리로 수익을 얻을 수 있는 상품으로 선택해야 하죠. 매달 일정 금액을 불입한다는 게 쉬운 것이 아닌데, 그 돈을 허무하게 운용사의 비용으로 쓰게 만들면 안 되잖아요."

"맞아요. 그것만큼 돈 아까운 것도 없는 것 같아요. 그런데 과세이연이 뭐예요?"

"과세이연이란 세금을 내긴 하지만 당장 내는 것이 아닌, 추후에 내도록 세금 납부를 일정 기간 연기해 주는 걸 말해요. 그리고 이때 퇴직금을 연금으로 수령한다면 과세이연된 퇴직소득세를 감면받을 수도 있고요."

"퇴직금을 연금으로도 수령할 수도 있나요? 퇴직금은 일시금으로만 받는 줄 알았는데…."

"네. 퇴직금은 일시금으로도 받을 수 있지만, 연금으로도 수령할 수 있게 세제 혜택을 주고 있어요. 만약 퇴직금 3억 원을 일시금으로 받게 되면 퇴직소득세를 바로 내야 하지만, 개인형 퇴직연금계좌인 IRP로 지급받으면 퇴직소득세를 내지 않고 퇴직금 3억 원 전액을 받을 수가 있죠."

"그렇다면 퇴직금은 IRP계좌로 받는 게 좋겠네요. 연금에서 알아야 할 게 또 있을까요?"

"음, 연금계좌세액공제를 얼마 받고 계세요?"

"언말징산산소화자료에 나오는 금액 그대로 받고 있어서 얼마나 받고 있는지는 잘 모르겠어요."

"연금계좌세액공제는 연금저축계좌와 퇴직연금계좌 납입금에 대한 세제 혜택을 주는 것을 말해요. 올해를 기준으로 설명을 드리면, 2023년 귀속분부터 세액공제 대상의 납입 한도는 900만 원이고, 그 중 연금저축 납입 한도는 600만 원이지만, 최대 납입 금액은 1,800만 원이에요. 즉 900만 원까지는 세액공제를 받고, 나머지 900만 원은 세액공제를 받지 못한다는 걸 뜻하죠. 다만 세액공제를 받지 않은 900만 원에 대해서는 추후 연금소득이 과세되지 않고, 900만 원을 운용하여 얻은 수익 역시 55세 이후에 연금으로 수령 시 낮은 저율로 연금소득 과세가 돼요. 게다가 아직까지는 건강보험료 산정 시, 사적연금은 포함되지 않으니 세테크로 활용할 만하죠."

"오, 그렇군요. 지금까지 연금계좌세액공제에 대한 한도금액만 생각했지 최대 납입금액에 대한 생각은 못했어요."

"사실 넌남을 꾸준히 적립한다는 것은 쉽지 않은 일이에요. 그래서 세제 혜택을 주는 거겠죠. 따라서 IRP계좌와 연금저축펀드를 잘 이용해서 세제 혜택을 누리고, 운용 수익 등도 얻을 수 있는 기회로 만들면 좋을 거 같아요."

"위기가 곧 기회라는 말이 생각나네요. 지금까지 말씀을 정리해 보면, 연금계좌세액공제를 받으면 추후 연금 수령 시 연금소득세를 내고, 공제를 받지 않으면 과세가 안 된다는 말씀이신 거죠?"

"그렇죠. 또 한 가지만 더 말씀드리면 세액공제를 받은 납입금액과 운용 수익으로 인한 연금수령액은 연금소득세 과세가 돼요. 그래서 연금저축계좌가 여러 개이면, 어느 납입금에서 어떤 공제를 받았는지 확인해야 하는 번거로움이 있어요."

"공제금액에 꼬리표가 없으니 그럴 수도 있겠네요."

"네. 물론 연금보험료 등 소득·세액공제확인서라는 게 있지만, 그 확인서에는 공제받은 금액만 적혀있어요. 그러다 보니 연말정산이나 종합소득세 신고 시 연금·저축 등 소득·세액공제 명세서에 금융회사와 계좌번호, 납입금액을 정확히 적는 게 매우 중요하죠. 또한 세액공제를 받지 못할 만큼의 금액을 적는 경우가 있는데, 이는 아마 세액공제가 추후 연금소득세와 연관이 있는지 모르고 적는 경우일 거예요. 따라서 이러한 경우를 대비해 공제받는 계좌와 받지 않는 계좌로 따로 관리하는 것이 좋죠."

"계좌를 따로 관리하라! 좋은 꿀팁이네요. 그나저나 개인연금과 퇴직연금도 알면 도움되는 게 많겠어요."

"맞아요. 세금은 알면 적게 내고, 모르면 많이 낼 수밖에 없어요. 그러니 세금 공부를 꾸준히 해야 하죠"

"늦었지만 저도 이제부터 세금 공부를 시작해야겠어요."

"절대로 늦은 게 아니에요. 지금부터라도 세금에 대해 공부하면 앞으로 정말 많은 도움이 될 거예요. 아, 그리고 세법은 매년 바뀌니 꾸준히 공부하는 게 중요해요. 공부하다가 도움이 필요하면 언제든지 연락하시고요."

"네. 자세히 알려주셔서 정말 감사합니다."

"감사는 무슨. 이만 올라가 볼게요."

나는 연금소득자입니다.

1. 연금 체계

1) 연금 구조

개인연금	개인보장	금융기관에서 운영. 연금저축, 연금저축펀드, 연금저축보험, 연금저축신탁 등
퇴직연금	기업보장	근로소득이 있는 경우 가입. 확정급여형(DB), 확정기여형(DC), 개인형퇴직연금(IRP)
공적연금	국가보장	소득이 있는 경우 의무적 가입. 국민연금, 공무원, 군인, 사립학교교직원연금 등

구분	비과세	과세	
		연금 수령 시	연금 외 수령 시
연금계좌 (퇴직연금+ 개인연금)	연금계좌세액공제를 받지 않은 연금계좌 불입액	퇴직금: 이연퇴직소득세율 감면 (60~70%)	퇴직금: 이연퇴직소득세율
		연금계좌세액공제를 받은 금액 및 운용 수익: 연금소득(3.3~5.5%) ▶1,200만 원 이하 분리과세 ▶1,200만 원 초과 전액(초과분 아님)에 대해 종합과세와 분리과세 (16.5%) 중 선택(*2023년 귀속분부터)	연금계좌세액공제를 받은 금액 및 운용 수익: 기타소득(16.5%)
공적연금	연금보험료 공제를 받지 않은 공적연금	연금소득(종합과세)	퇴직소득(분류과세)

2. 연금계좌세액공제

1) 연금계좌세액공제율

○연금저축계좌

: 금융회사 등과 체결한 계약에 따라 '연금저축'이라는 명칭으로 설정하는 계좌

○퇴직연금계좌

: 확정기여형 퇴직연금 제도(DC형)와 개인형 퇴직연금 제도(IRP) 등

○연금저축+퇴직연금계좌세액공제

: 확정기여형퇴직연금계좌(DC형), 개인형퇴직연금계좌(IRP), 연금저축펀드, 연금저축, 연금저축보험 등 연금계좌에 납입한 금액의 12% 또는 15%를 공제

총급여액(종합소득금액)	세액공제 대상 납입 한도 (연금저축 납입 한도)	세액 공제율
5,500만 원 이하(4,500만 원)	900만 원(600만 원)	15%
5,500만 원 초과(4,500만 원)		12%

*2023년 귀속분부터

○개인종합자산관리계좌(ISA)공제

: 계약이 만료되고 해당 계좌의 전부 또는 일부를 연금계좌로 납입한 경우, 그 납입한
금액의 100분의 10에 해당하는 금액(300만 원 한도)의 12% 또는 15%를 공제

2) 연금보험료 등 소득·세액공제확인서

손택스 〉 민원·증명 〉 즉시발급증명 신청
〉 연금보험료 등 소득·세액공제확인서

연금보험료 등 소득·세액공제확인서 서식

3) 연금·저축 등 소득·세액공제명세서

손택스 〉 조회·발급 〉 연말정산서비스 〉 공제
신고서 작성 〉 세액공제 자료 조회 및 작성

연금·저축 등 소득·세액공제명세서

3. 종합소득세 신고

손택스 > 신고·납부 > 종합소득세 > 일반 신고

소득 종류 선택: 근로소득·연금소득

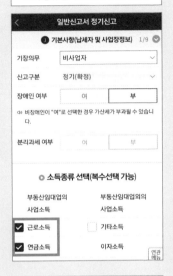

근로소득 등록

연금소득 등록

2-1 근로·기타·연금소득 2/10

선택	소득구분	지급자 사업자(주민)등록번호
	지급자 상호(성명)	⑤총수입금액 (총급여액·총연금액)
	⑥필요경비 (근로소득공제·연금소득공제)	소득금액 (⑤ - ⑥)
	원천징수 소득세	원천징수 농어촌특별세
	51	
		90,000,000
	14,250,000	75,750,000
	8,200,000	0
	66	
		15,000,000
	6,400,000	8,600,000
	600,000	0

10 세액계산 9/10

○ 소득세

㉑종합소득금액		84,350,000 원
㉒소득공제		1,500,000 원
㉓과세표준 (㉑ - ㉒)		82,850,000 원
㉔세율		24 %
㉕산출세액		14,664,000 원
㉖세액감면		0 원
㉗세액공제		630,000 원

결정세액

㉘종합과세 (㉓·㉔-㉕)		14,034,000 원
㉗분리과세소득		0 원
㉘합계 (㉖ + ㉗)		14,034,000 원
㉙가산세		0 원
㉚추가납부세액		0 원
㉛합계 (㉘ + ㉙ + ㉚)		14,034,000 원
㉜기납부세액		8,800,000 원
㉝납부(환급)할 총세액 (㉛ - ㉜)		5,234,000 원

6편

603호 대기업 부장

퇴직소득 재정산을 받자!

온 가족이 아침부터 분주하게 움직이는 탓에 잠에서 깼다. 이른 아침이지만 가족들과 다르게 나는 할 일이 없다. 30년 동안 한결같이 7시에 출근했던 몸인데, 퇴직을 하고 나니 한없이

게을러진다. 오늘은 또 어떻게 하루를 보내야 할지…. 침대에 누워 멍하니 있는데, 아내가 아침 식사를 하라며 부른다.

축 처진 몸을 일으켜 세워 밖으로 나가자 아내와 딸이 동시에 나를 쳐다본다. 그리고 이어지는 아내의 카랑카랑한 목소리가 내 귓전을 따갑게 한다.

"왜 이렇게 늦게 일어나요? 아침 식사 차렸을 때 같이 먹으면 좋잖아요. 꼭 그렇게 국을 다시 데우게 해야겠어요?"

"국 안 데워도 돼."

"차가워진 국을 어떻게 먹어요. 도대체 아침 일찍 일어나던 양반이 요새 왜 그러는지 모르겠네."

"일찍 일어나면 뭐 해. 어차피 할 일도 없는데."

"그러지 말고 할 일을 찾아봐요. 매일 이렇게 지내면 무료하지 않아요?"

"퇴직한지 몇 달이나 지났다고 또 일을 해. 그동안 회사 다니느라 쉬지도 못했는데 이제 원 없이 쉴 거야."

"아니, 쉬는 것도 하루 이틀이지. 매일 집에만 있으면 답답하잖아요. 건강에도 좋지 않고."

"내가 알아서 하리. 그나저나 딸, 오늘은 학원에 늦게 가네? 무슨 일 있어?"

"몸이 안 좋아서요."

"공시생이 몸 관리하면서 공부해야지. 몸 관리도 실력이야."

"당신은 아픈 애한테 무슨 말을 그렇게 해요. 안 그래도 하루 종일 공부하느냐고 힘들 텐데…."

"그러니까요. 아빠, 집에 계시면서 잔소리가 너무 심해졌어요."

"뭐, 어디 내가 못 할 말 했어?"

"우리한테 관심도 없던 아빠가 이래라저래라 하니까 그렇죠."

"관심이 없다니. 그동안 회사 일로 바빠서 신경을 못 썼던 거시. 어떤 부모가 자식들한테 관심이 없겠어."

"네, 네. 잘 알겠습니다."

"말하는 거 하고는…. 에휴, 그러게 넌 왜 잘 다니던 회사를 그만두고 공무원 시험 준비를 한다고 난리야. 회사에 갔으면 잔소리 들을 일도 없었잖아."

"회사 일이 적성에 맞지 않는 걸 어떡해요?"

"적성에 맞는 일, 안 맞는 일이 어디 있어. 회사 일이면 그냥 하는 거지."

"입버릇처럼 회사 때려치운다고 하시던 아빠가 할 말씀은 아닌 거 같은데요."

"뭐? 이게 진짜 보자보자 하니까."

"자자, 부녀지간 대화는 그만하시고, 자기는 빨리 식사해요. 너는 학원 가기 전에 병원 들렀다 가고."

"엄마, 어디 나가게?"

"엄마 오늘 바빠. 당신도 오늘 점심은 알아서 챙겨 먹어요."

"나 혼자? 웬만하면 점심은 집에서 같이 먹지."

"오늘 가죽 공방 수업 있는 날이에요. 밥이랑 국, 반찬 다 냉장고에 있으니까 굶지 말고 잘 챙겨 먹어요."

이후 식사를 마치자 아내와 딸은 곧바로 옷가지를 챙겨 현관문을 나선다. 어디 갈 곳이 있고, 할 일이 있다는 것이 이렇게나 부러운 일이라니⋯. 회사에 다닐 때는 한 달만이라도 푹 쉬고 싶었는데, 막상 쉬어 보니 갈 곳도 없고, 할 것도 없다. 그렇게 공허한 마음을 달래려 TV 채널을 돌려보지만, 보고 싶은 프로그램조차 없다. 결국 핸드폰만 매만지다 같이 퇴직한 회사 동료이자 친구인 황 부장에게 전화를 건다.

"황 부장, 오늘 점심에 볼까?"

"조 부장, 안 그래도 전화하려고 했었는데. 그럼 우리가 잘 가던 여의도 공원에서 1시에 봅시다."

"좋아. 그런데 전화는 왜? 무슨 일 있어?"

"만나서 얘기하자고."

할 일이 생기니 오랜만에 활력이 생긴다. 역시 집에 있는 것보다 뭐라도 하기 위해 밖에 나가는 게 좋은 것 같다. 약속 시간이 2시간 남았지만, 이미 나갈 채비를 끝마쳤다. 집에 있자니 도무지 시간이 가지 않아 약속 장소로 미리 출발한다.

여의도 공원에 도착하자 때마침 점심시간이 되었다. 많은 직장인들이 삼삼오오 모여 식당으로 들어간다. 그리고 그런 모습을 보고 있자니 불과 몇 달 전 나의 모습이 생각난다. 30년 동안 일한 곳이 바로 앞에 있는데, 이제는 갈 수 없는 곳이 되었다니…. 나이가 들면서 여성 호르몬이 많아진 탓일까. 주책맞게 눈물이 흐른다. 그때 저 멀리서 황 부장이 걸어온다.

"황 부장. 여기야, 여기."

"어, 조부장, 오랜만이네. 잘 지냈지?"

"그럼, 잘 지내지. 식사는 하셨고?"

"아직이지. 오랜만에 자주 가던 김치찌개 집 어때?"

"좋지. 안 그래도 칼칼한 김치찌개가 먹고 싶었는데. 그나저나 황 부장은 요즘 뭐 하고 지내?"

"나? 그냥 뭐, 커피 전문점 하나 하려고 알아보고 있어."

"퇴직 앞두고 그렇게 고민하더니 결국에는 하려고?"

"응. 나야 퇴직금 가지고 살면 되지만, 아이들은 아직 결혼도 안 했고, 애비로서 자식들 결혼할 때 조금이라도 보태주려면 집에서 가만히 있을 수는 없겠더라고. 그래서 퇴직금 받은 걸로 커피 전문점이나 한 번 해 보려고 준비하고 있지."

"한집 건너 한집이 커피숍인데, 장사가 잘 될까?"

"안 그래도 그게 걱정이 돼서 가맹점에 상담 신청을 해 봤는데, 커피숍이 많아도 요즘 커피 수요가 워낙 많아서 커피 장사는 잘될 거라고 하더라고. 그동안 가맹점 찾아다니느냐고 정신 없었어. 분식, 치킨, 빵, 아이스크림 등 웬만한 가맹점은 다 찾아 다녀봤거든. 에휴, 이럴 줄 알았으면 회사 다니면서 고민만 하지 말고 진작 알아볼걸…."

"그러게. 나도 퇴직하기 전에 앞으로 뭐 먹고 살지 고민이나 좀 할 걸 그랬어. 며칠 집에만 있었더니 아내랑 딸이 얼마나 잔소리를 하는지, 눈치 보여서 쉴 수가 없다니까."

"유럽은 퇴직하고 나면 세계여행 다니면서 남은 인생 즐긴다고 하던데. 우린 30년을 넘게 일하고, 또다시 일할 곳을 찾고 있으니…. 이렇게 사는 게 맞는 건지 모르겠네."

"우리처럼 일만 한 일벌레가 어디 가겠어? 몇 달 쉬어 보니 좀도 쑤시고, 남아 있는 자식들 결혼시키려면 조금이라도 젊었을 때 바짝 벌어놔야지."

"이럴 줄 알았으면 나도 조 부장처럼 퇴직금 중간 정산 받아서 주택이나 구입해둘 걸 그랬어. 매달 월세 나오지, 시세 차익까지 있으니 꿩 먹고 알 먹고 아냐."

"그렇지도 않아. 그나마 타이밍 좋게 싸게 사서 다행이지, 세금내고 이것저것 제하면 많이 남지도 않는다고."

"아이고, 남는 거 없다고 하는 거 보니 장사꾼 다 됐네."

"진짜라니까? 게다가 세금 납부도 납부지만, 세금 신고해야 되는 것도 일이야."

"세금 신고? 세금은 그냥 납부하라고 할 때 납부만 잘하면 되는 거 아냐?"

"아이고 이 사람아, 임대업도 사업자라고. 이제 사업할 사람이 세금을 몰라서야."

"커피숍 시작하면 세무 대리인 통해서 처리해야지. 내가 세금을 어떻게 알아."

"세무 대리인을 써도 무엇을 언제 어떻게 신고하는지는 알고 있어야지."

"이제 차차 알아 가면 되지. 뭐가 급하다고. 그러지 말고 이왕 말 나온 김에 무엇을 언제 어떻게 신고해야 하는지 들어나 봅시다. 한 수 배워서 가게."

"그럴까? 그럼 선배 임대사업자로서 한 수 알려주지. 먼저 임대업도 상가와 주택 임대업은 달라."

"상가도 사고 싶고, 주택도 사고 싶네만. 그래, 어떤 게 다른지 이해하기 쉽게 설명좀 해줘."

"상가 임대는 부가가치세법상 과세사업자이지만, 주택 임대는 면세사업자야. 이해를 돕기 위해 예를 하나 들어볼게. 마트에서 장을 보면 영수증에 과자는 부가가치세 10%, 채소는 면세 0%로 구분되어 있어. 이처럼 상품에 10%의 부가가치세가 붙는 게 있고 아닌 게 있는 것처럼, 상가 임대는 10%의 부가가치세가 있고 주택 임대는 면세로 부가가치세가 없어."

"그럼 주택 임대가 부가가치세가 안 붙으니 좋은 거네?"

"그렇지. 주택을 사용하는 임차인에게 세금 부담을 줄여주기 위한 정책적인 목적인거지."

"주택 임대가 면세인 게 그런 이유 때문이었군."

"자, 이제 주택 임대가 면세사업자라는 것을 알았으니 어떻게 세금 신고를 해야 하는지 알아야겠지. 황 부장, 주택임대소득이 있는 사람은 모두 세금 신고를 해야 할까?"

"글쎄, '소득이 있는 곳에 세금이 있다'라는 말이 있으니 다 신고해야 할 거 같은데?"

"그렇지 않아. 주택임대소득은 부부 합산 주택 수에 따라 신고 대상 여부를 판단하거든. 먼저 1주택자의 경우 2022년 귀속분까지는 기준 시가 9억, 2023년 귀속분부터는 기준 시가 12억을 초과하는 주택에서 월세를 받는다면 신고를 해야 하고, 2주택자이면 월세, 3주택 이상부터는 보증금을 받았다면 신고를 해야 해."

"아, 그래서 조 부장의 경우 2주택자로 임대주택에서 월세를 받고 있기 때문에 신고를 하는 거구만."

"그렇지. 그렇기 때문에 매년 2월에 사업장 현황 신고와 5월 종합소득세 신고를 하고 있는 거지."

"잠깐만, 일 년에 두 번이나 신고를 해?"

"응. 2월에 하는 사업장 현황 신고는 임차인이 누구고, 언제 얼마에 임대를 주고 있는지를 신고하는 것이고, 5월에 하는 종합소득세 신고는 사업장 현황 신고를 토대로 한 해 동안의 임대료 수입금액을 신고하고 납부해야 하지."

"어유, 말로만 들었는데도 복잡하네."

"하하하, 처음에 나도 그랬어. 게다가 근로소득과 주택임대소득을 합산해서 신고해야 하니 더 어렵다고 느꼈지. 그런데 한 해 두 해 신고해 보니까 이제 어렵지 않더라고."

"편하게 월세만 받는 줄 알았지, 주택임대소득을 신고하고 있는 줄은 몰랐네."

"내가 말했잖아. 생각보다 번거롭다고. 아무튼 주택임대소득에 대해 신고해야 된다는 것만 알아도 많이 안거니 오늘은 여기까지만 설명하도록 하지. 신고 방법은 나중에 황 부장이 주택임대사업자가 되면 그때 알려주리다."

"아이고, 주택임대사업자 선배님이 계시니 든든합니다. 사업하다가 궁금한 게 생기면 또 물어보도록 하겠습니다."

"하하하, 퇴직금 중간 정산한 덕분에 내가 선배 노릇도 다 할 수 있게 되고, 여러모로 참 요긴하게 썼네."

"아, 맞아. 안 그래도 그 퇴직금 때문에 얘기할 게 있어서 만나자고 했어. 예전에 우리가 출자 관계에 있는 법인으로 전출되면서 퇴직금 받았던 거 기억나?"

"당연히 기억나지. 우리가 입사한 작은 회사에서 출자 관계에 있는 법인으로 전출되는 바람에 대기업에 다닐 수 있게 된 거였잖아."

"그렇지. 아무튼 그때 받은 퇴직금이랑 대기업에서 받은 퇴직금을 합쳐서 다시 퇴직소득세 계산을 하면 세금 낸 걸 돌려받을 수 있다네."

"왜 돌려주는데?"

"퇴직소득세법이 바뀌었는데, 퇴직소득은 오랜 기간 누적된 소득에 대해서 과세하는 거라 퇴직 당시의 법만 적용하는 것이 아닌, 우리가 근무했던 기간의 법을 나누어서 적용한대. 그래서 법을 달리 적용하면, 당시에 냈던 세금을 돌려받을 수 있는 상황이 될 수도 있나봐."

"오, 그거 흥미롭네. 얼마나 돌려주는데?"

"그건 계산해 봐야 알 수 있다고 하더라고. 그래서 나는 세무서에 퇴직소득세 경정청구를 냈어."

"경정청구? 그게 뭔데?"

"나도 자세히는 모르지만, 내가 내야 되는 세금보다 많이 낸 경우 환급해 달라고 하는 청구를 말하나 봐. 세무서에 갔더니 경정청구서를 작성하라고 해서 작성하고 왔는데, 생각보다 복잡하지도 않았어. 그러니 조 부장도 가서 신청해 봐."

"알겠어. 알려줘서 고마워. 이제 진짜 밥이나 먹으러 가자고. 배고파 죽겠어."

"하하하, 그래 그러자고."

김치찌개 집에 도착해 황 부장과 많은 이야기를 나눴다. 그리고 오랜만에 온 우리를 알아보신 식당 사장님까지 가세해 자식들 이야기부터 앞으로의 계획, 회사를 다닐 때 이야기 등 그간 나누지 못했던 이야기를 하며, 한참을 웃고 떠들었다. 쉴 새 없이 이야기한 탓일까, 웃고 떠들다 보니 어느새 점심시간이 훌쩍 지나가 있었다.

이후 가게를 나온 뒤, 황 부장과 인사를 하고 집으로 향했다. 그러다 문득 황 부장이 알려준 퇴직소득세 경정청구가 생각나 급하게 세무서로 발걸음을 옮겼다. 세무서에 도착하니 꽤나 많은 사람들이 대기실에 앉아 있다. 조금만 늦었다면 오늘 업무를 보지 못했을 것 같다. 서둘러 업무를 보기 위해 해당하는 과를 찾아본다. 하지만 막상 어디로 가야 하는지 알 수가 없어 안내판만 이리저리 쳐다본다. 그러다 퇴직소득세이니 소득세라는 단어가 들어간 소득세과에 가야 할 것 같아서 무작정 소득세과 대기표를 뽑고 기다린다. 그렇게 한참을 기다리자 어느새 내 차례가 되었다. 띵동!

"안녕하세요. 어떤 일로 오셨습니까?"

"아, 안녕하세요. 퇴직소득세와 관련된 업무를 보려고 하는데, 여기서 보면 되나요?"

"네. 맞습니다. 어떤 업무를 보려고 하시나요?"

"다른 게 아니고, 퇴직금을 받았는데 경정청구를 하면 세금

을 돌려받을 수 있다고 해서 왔어요."

"그러시군요. 먼저 여기에 있는 경정청구 신청서를 작성하시면 접수해 드리겠습니다. 보통 경정청구 처리 기한은 두 달 이내이고, 환급은 신청서에 작성하신 계좌로 환급되니 꼼꼼히 작성해주세요."

"알겠습니다. 그런데 두 달 기다리면 무조건 환급이 되는 건가요?"

"아뇨. 경정청구를 신청한다고 해서 무조건 환급되는 건 아니고요. 담당자가 경정청구 내역을 검토하여 환급하는 게 맞다고 판단하면, 그때 퇴직소득세 환급이 진행됩니다."

"아, 그렇군요. 알겠습니다."

이후 시간이 흘러 어느새 두 달이 지나갔고, 서울 세무서로부터 우편물이 도착했다. 당연히 환급받을 수 있다는 설렘으로 서둘러 우편물을 확인해 보았다. 그런데 이게 무슨 일인지…. 우편물에는 '경정청구는 인용이 되었으며, 감액된 이연퇴직소득세는 귀하의 운용사에 통지하였습니다.' 라고 적혀 있을 뿐, 환급과 관련된 내용은 전혀 나와 있지가 않았다. 게다가 우편물에 나와 있는 내용이 무슨 말인지 이해도 전혀 되지 않는다.

황 부장은 어렵지 않게 환급을 받았다는데, 나한테는 왜 이런 통지가 온 것인지…. 경정정구와 관련해서 누구에게 물어봐야 하는지 한참을 고민하다 문득 703호 할머니가 떠올랐다. 마침 리모델링 추진 동의서에 서명을 받으러 가야 하니, 그때 703호 할머니에게 여쭈어봐야겠다.

주택임대소득이 뭐예요?

가다아파트 리모델링 추진을 위해 주민들의 동의를 받고 있다. 아무래도 오래 거주하셨던 어르신들은 재건축이 좋은지, 리모델링이 좋은지, 그냥 이대로 있는 것이 좋은지 잘 모르신

다. 그래서 한 분 한 분 만날 때마다 리모델링을 해야 하는 이유에 대해 설명해 드려야 한다. 물론 편하게 집에 앉아서 주민 동의서에 도장을 찍고, 회의에 참석해서 의견을 나누면 간단하겠지만, 누군가 나서서 하지 않는다면 변화는 일어나지 않기에 책임감을 가지고 추진위원장의 역할을 수행하고 있다. 또 반평생 회사에서 주어진 일만 해 왔기에 이번에는 내가 주체적으로 일을 진행해 나가고 싶은 마음이 크다.

　다음 동의서를 받으러 갈 곳은 703호이다. 마침 703호 어르신에게 여쭤볼 것도 있기에 옷매무새를 깔끔하게 정리한 뒤, 초인종을 누른다.

　"누구세요?"

　"안녕하세요. 어르신, 603호입니다. 리모델링 추진 동의서 때문에 방문했습니다."

　"아, 네. 바로 나갈게요."

　잠시 뒤, 703호 문이 열리고 할머니께서 나오신다.

　"오랜만이네요. 추진위원장 하시느냐고 고생 많으시죠?"

　"아닙니다. 제가 좋아서 하는 일인데요."

　"동의서 받는 게 쉽지 않을 텐데, 힘들지는 않으세요?"

　"솔직히 조금 힘드네요. 사람마다 의견이 어찌나 다른지, 서로 다른 의견을 조율한다는 게 쉬운 일이 아니에요. 저보고 사기꾼이라고 하시는 분들도 계실 정도거든요."

"그렇죠. 돈 앞에 장사 없다고, 각자의 이익이 있는 거니 내 마음 같지 않죠. 앞으로 더 많은 난관이 있을 거예요."

"그렇겠죠. 추진위원장 맡으면서 이 정도 각오는 하고 있어요. 다만 지치지 말고 끝까지 가야 할 텐데, 중간에 제가 지칠까 봐 걱정이에요."

"끈기 있게 잘하실 거예요. 한 회사에서 30년 넘게 일하신 내공이 있으시잖아요. 지금이야 평생직장이라는 말이 덜하지만, 우리 때는 한 곳에서 오래 일했다는 것 자체만으로 대단하다고 생각했으니까요. 도움 필요하면 언제든지 말씀하세요."

"말씀만으로도 너무 감사합니다. 그래도 지지해 주시는 분들 덕분에 힘을 내서 할 수 있는 거 같아요."

"감사는 무슨, 오히려 아파트를 위해 애써주고 계셔서 제가 더 감사하죠. 그래도 서로 다른 의견이 있어야 더 좋은 쪽으로 발전하는 것이니, 조금만 더 힘내주세요."

"알겠습니다. 아, 그리고 어르신 죄송하지만 잠깐 이야기 나눌 시간 있으신가요? 어제 서울 세무서에서 우편물이 왔는데, 무슨 말인지 모르겠어서요."

"그럼요. 일단 어떤 내용인지 먼저 볼까요?"

어제 받은 우편물을 703호 할머니에게 보여드렸다.

"아, 이건 퇴직소득세가 이연되어서 운용사로 원천징수 차감 내역을 통보했다는 내용이에요."

"퇴직소득세가 이연되었다는 말이 무슨 말이에요?"

"음, 쉽게 말해 퇴직금을 연금으로 수령하게 되면, 퇴직금을 받을 때 퇴직소득세를 내지 않고 연금 수령 시 내게 되는 걸 말해요. 이걸 과세이연이라고 하죠."

"세금을 나중에 낸다는 말인가요?"

"네. 퇴직금을 일시금으로 받지 않고, 노후 준비를 위한 연금으로 유인하기 위해 세제 혜택을 주는 거라고 보시면 돼요."

"그렇군요. 그러면 운용사로 원청징수 차감 내역을 통보했다는 말은 무슨 말이에요?"

"그 말을 이해하시려면 먼저 퇴직소득세부터 정확히 알고 계셔야 해요. 퇴직금은 일시에 몇 년간의 소득을 한 번에 받기에 금액이 크죠. 그런데 그 금액을 한 번에 받았다고 종합소득세인 누진세율을 적용한다면 어떠시겠어요?"

"그럼 안 되죠. 몇십 년간의 소득인데."

"맞아요. 그렇기에 퇴직소득은 한 해의 근로소득, 사업소득 등의 종합소득세와 합산하지 않고, 따로 퇴직소득만 계산을 해요. 이걸 분류과세라고 하죠."

"그래서 퇴사하면서 받은 근로소득과 합산하지 않은 거군요. 한 해의 소득과 몇 년 또는 몇십 년간의 소득은 금액에서부터 큰 차이가 있으니까요."

"그렇죠. 퇴직소득은 근속 연수를 반영해서 계산하기에 근속 연수에 따라 세금이 달라져요. 그러므로 만약 퇴직금을 중간 정산해서 받았다면, 그 날이 퇴직일이 되고, 그 이후 퇴직금을 다시 받는다면 이전에 중간 정산해서 퇴직금을 받은 날이 입사일이 되기에 근속 연수에 영향이 생기게 되는 거죠."

"아, 그러니까 중간 정산해서 퇴직금을 받으면, 그 날이 퇴직일이 되는 거고, 이후에 다시 퇴직금을 받게 되면, 이전에 중간 정산으로 퇴직금을 받은 날이 입사일이 되는 거군요?"

"정확하게 이해하셨네요. 그런데 이 퇴직소득세가 세법 개정으로 인해 바뀐 적이 있어요. 기존과는 다르게 모든 퇴직금을 합산하고, 근속 연수 역시 입사일부터 퇴직일까지 다시 계산하도록 한 것이죠. 이걸 퇴직소득 재정산이라고 해요. 따라서 퇴직금을 재정산해서 기존에 납부한 퇴직소득세보다 적게 나오면 환급이 되고, 많이 나오면 납부를 해야 하죠. 보통 최종 퇴직금을 받는 곳에서 재정산을 해 주는데, 만약 재정산을 못 받고 퇴직을 했다면, 주소지 관할 세무서 내에 있는 소득세과에 가서 경정청구를 신청하면 돼요."

"이제야 이해가 됐어요. 사실 친구가 경정청구를 하라고 해서 하긴 한 건데, 무엇을 한 건지는 잘 모르고 있었거든요."

"아무래도 경정청구라는 말이 익숙하지 않아서 그러셨을 거예요. 경정청구는 퇴직소득뿐만 아니라 근로소득, 사업소득, 양도소득 등 소득 신고 시 세금을 과다 납부했을 때 청구할 수 있어요. 또 근로소득 연말정산 시, 누락한 연말정산 내역이 있다면 그것 역시 경정청구가 가능하고요."

"그럼 오래 전에 누락한 것도 경정청구가 가능한가요?"

"모든 연도가 되는 건 아니에요. 보통 경정청구를 할 수 있는 기한은 법정 신고 기한의 다음 날부터 5년 동안만 돼요. 예를 들어 2022년 종합소득세 신고를 2023년 5월에 했다면, 그 기간으로부터 5년 후인 2028년 5월까지만 신고가 가능한 거죠. 물론 여러 가지 세세한 경우가 있지만, 보통 5년이라고 생각하고 누락한 연도가 있다면 바로 경정청구를 해 주시면 될 거예요. 그리고 경정청구를 하면 보통 두 달 이내에 결과를 통지하게 되어 있어요. 위원장님은 그 결과 통지를 어제 받으신 거고요."

"맞아요. 세무서에서도 두 달 안에 결과 통지를 한다고 하더라고요. 그런데 어르신, 회사 동료는 환급이 되었다는데, 왜 저는 환급이 안 되었을까요?"

"위원장님의 결과 통지 내용을 보면, 원천징수기관으로 통보되어 있다고 나와 있어요. 이 말은 퇴직금을 일시에 받은 것이 아니라 연금으로 받기 위해 연금계좌에 퇴직금을 넣었고, 그로 인해 퇴직소득세가 과세이연되어 퇴직소득세를 내지 않았다는 얘기예요. 쉽게 말해 납세자에게 직접 환급해 주는 것이 아닌, 운용사에서 정산된 세금을 반영해 준다는 말인 거죠."

"아, 그렇다면 회사 동료는 퇴직금을 일시금으로 받아서 퇴직소득세를 냈기 때문에 환급이 된 건가 보네요."

"그렇죠. 퇴직금 수령 방법의 차이로 인해 환급금 수령에도 차이가 있었던 거예요."

"그것도 모르고 회사 동료는 환급이 되고, 저는 환급이 안 되는 건 줄 알았어요. 이렇게 보니 세금을 잘 모르는 사람의 경우, 경정청구 결과 통지서만 보고는 내용을 이해하기가 어려울 것 같아요."

"아무래도 퇴직소득세는 종합소득세와 달리 본인이 직접 신고하고 납부하는 세금이 아니기 때문에 더 어렵게 느껴질 거예요. 퇴직금 재정산도 최종 퇴직하는 회사에서 해 주면 좋은데, 종종 놓치는 경우가 있다 보니 본인이 경정청구를 해야 되는 상황이 발생하는 거죠."

"저도 회사 동료가 알려주지 않았다면 경정청구 할 생각을 못했을 거예요. 그런데 왜 회사에서 정산을 안 해줬을까요?"

"글쎄요. 누락한 이유야 많겠지만 제 생각에는 아주 오래전에 퇴직금을 미리 받았기 때문이거나 출자 관계 회사에서 전입된 탓에 이전 회사에서 발급한 퇴직소득원천징수영수증을 갖고 있지 않아서 그랬을 거 같아요."

"그러고 보면 환급을 받을 수 있는데, 몰라서 못 받을 수도 있겠네요."

"그렇죠. 내야 할 세금보다 미리 납부한 세금이 많으면 환급이 발생하는데, 이때 내야 할 세금이 얼마인지 확정하는 종합소득세 신고나 경정청구를 하지 않으면 환급을 받을 수가 없어요. 그런데 많은 분들이 이러한 사실을 몰라 놓치는 경우가 있죠."

"이거, 세금에 대해 모르면 완전 손해네요?"

"세금은 알면 알수록 정말 도움이 되는 게 많아요. 퇴직연금의 경우에 어떤 세금을 얼마나 내는지 계산하는 방법을 아는 것보다는, 퇴직소득세 감면은 연금 수령 연차의 영향을 받으니 어떻게 과세이연 효과를 챙기고, 연금 개시를 어떻게 할지 등을 고민해 보는 것이 세테크가 아닐까 싶어요."

"말씀 감사합니다. 저 역시 퇴직연금을 어떻게 활용해야 할지 고민해 봐야겠어요. 한 가지만 더 여쭤봐도 될까요?"

"그럼요. 말씀하세요."

"제가 그동안 근로소득과 주택임대소득을 합산해서 종합소득세 신고를 해 왔는데, 이제 주택임대소득만 종합소득세 신고를 하면 되나요?"

"네. 퇴직하셔서 근로소득이 없으니 주택임대소득에 대해서만 종합소득세 신고를 하시면 돼요."

"그렇군요. 드디어 신고할 항목이 하나 줄었네요. 그런데 많은 분들이 주택 보유 시, 재산세나 종합부동산세는 세금이 계산되어 고지된다는 것은 알고 있는 반면, 주택임대소득은 본인이 직접 신고해야 된다는 걸 모르고 있을 거 같아요. 저도 처음에 주택임대소득 신고를 해야 하는지 몰랐거든요."

"맞아요. 주택임대소득에 대해 종합소득세 신고는 직접 하셔야 한다고 말씀드리면, '지자체에 임대등록 했는데요?'라는 말씀을 제일 많이 하세요. 주택임대등록과 주택임대소득 신고는 엄연히 다른 건데 말이에요."

"공감이 되네요. 저 역시 지자체에서 하는 주택임대등록이랑 세무서에서 신고하는 주택임대소득이랑 헷갈렸거든요."

"그럴 수 있어요. 세금에 관심이 없다면 충분히 헷갈릴 만한 단어들이기도 하니까요. 보통 지자체에 임대등록이 되어 있다면, 주택임대소득 분리과세 신고 시, 필요경비와 기본공제, 그리고 세액감면에서 세제 혜택이 있는 건데, 세금이 아예 없는 걸로 많이들 오해를 하시더라고요."

"맞아요."

"또 주택임대소득을 분리과세로 신고할 때, 지자체에 임대등록을 했으면 필요경비는 수입금액의 60%, 기본공제는 400만 원을 하고, 임대등록을 안 한 경우에는 필요경비는 수입금액의 50%, 기본공제는 200만 원을 해줘요. 그리고 이때 기본공제는 주택임대소득 외 종합소득금액이 2천만 원 이하인 경우에만 공제가 되죠."

"아, 분리과세를 말씀하시니 생각난 건데, 처음 주택임대소득 신고할 때는 분리과세가 뭔지, 종합과세가 뭔지 정말 히니도 모르겠더라고요."

"뭐가 뭔지도 모르겠는데, 둘 중에 신고 방법을 선택하라고 하니 더 힘드셨죠?"

"네. 주택임대소득이 2천만 원 이하이면 분리과세를 선택할 수 있다고 하는데, 뭘 알아야 선택을 하죠. 아무것도 모르니 선택을 못하겠더라고요.

"호호호, 그럴 수 있죠. 분리과세는 다른 소득과 합산하지 않고 주택임대소득에 대해서만 14%의 세율을 적용하는 신고이고, 종합과세는 주택임대소득을 포함하여 다른 소득을 합산해서 신고하는 걸 말해요. 다만 임대주택 등록 여부, 타 소득금액, 소득공제 항목 등이 납세자마다 전부 달라 어느 것이 유리할지는 하나하나 따져봐야 하죠. 그리고 이때 둘 중에 어떤 게 유리한지는 홈택스나 모바일 앱 손택스에서 비교 및 계산해 볼 수 있어요.."

"한 눈에 비교할 수 있으니 선택에 많은 도움이 되겠네요. 그동안 근로소득이 있어서 주택임대소득은 분리과세를 선택했는데, 올해는 주택임대소득만 있으니 분리과세와 종합과세를 비교해 보고 신고해야겠어요."

"아, 그리고 위원장님의 경우 주택임대소득만 가지고 계셔서 분리과세로 신고를 하신다면, 소득공제인 인적공제 판단 시 소득금액 100만 원 이하 기준에 포함되지 않아요. 그렇기에 만약 위원장님의 따님이 연말정산을 받는데, 위원장님을 인적공제 대상자에 추가하고자 소득 요건을 따져 볼 때 분리과세로 신고한 금액은 포함되지 않으므로 인적공제 대상자가 될 수 있는 거죠."

"그렇다면 분리과세로 신고하는 게 낫겠네요?"

"여기서도 어떤 게 유리한지 따져 볼 필요가 있어요. 따님이 종합소득세 신고 시, 15%의 세율을 적용받는다고 가정해서 설명해 볼게요. 이 경우 인적공제 대상자로 위원장님을 넣으면, 공제금액 150만 원에 15%를 적용하여 225,000원의 세금이 줄어요. 따라서 위원장님이 2천만 원 이하인 주택임대소득을 종합과세로 신고할 때의 금액과 분리과세로 신고할 때의 금액을 비교해 본 뒤, 종합과세가 이득임에도 딸이 225,000원의 세금을 덜 내는 게 낫다고 판단하면, 종합과세보다 분리과세를 선택하면 되는 것이죠."

"딸에게 도움이 된다면 당연히 도움을 줄 수 있는 쪽으로 선택하는 게 맞겠네요. 다만 그런 게 아니라면 어떤 것이 나을지 선택하는 게 꽤나 번거로울 것 같아요."

"물론 번거롭게 느껴지겠지만, 직접 계산하는 게 아니라 금액만 입력하면 비교할 수 있고, 5분 정도의 수고로움으로 세금을 몇 만 원이라도 줄일 수 있다면 해 볼 만하다고 생각돼요."

"맞아요. 이김에 아버지가 세금을 줄여 줄 수 있다고 생색이나 한 번 내야겠어요."

"호호호, 세금을 조금이라도 줄일 수 있다면 큰따님도 분명 좋아할 거예요. 아, 그리고 현재 주택 임대는 한 채만 하고 계신 거예요?"

"네. 그런데 퇴직을 하고 나니 매달 들어오는 돈이 아쉬워서 주택 임대를 더 해야 하나 고민 중에 있어요. 3채부터는 보증금에 대해서도 주택임대소득을 내야 한다고 하던데 맞나요?"

"주택임대소득은 부부 합산 주택 수와 월세, 보증금에 따라 과세 대상 여부를 판단하는데요. 간혹 거주하고 있는 주택을 주택 수에서 빼거나 본인의 보유 주택 수만으로 과세 대상을 판단하시더라고요. 과세 대상을 정리하자면 기준 시가 12억 원 원을 초과하는 1주택을 보유함과 동시에 그 주택에서 월세 수입이 있다면 과세가 돼요. 또 2주택이면 월세 수입이 과세가 되고, 비소형 주택이 3채 이상인 경우는 월세 수입과 3억 원을 초과하는 보증금 합계액에 대해 과세를 하죠."

"아, 이 내용은 이미 알고 있는 내용이에요. 2023년 귀속분부터는 기준 시가가 12억 원 초과로 바뀌었다고 해서 관련 내용을 한 번 찾아봤거든요."

"아주 잘하셨어요. 세법은 매번 바뀌는 법이기 때문에 꾸준히 관심을 가지는 게 중요해요."

"그렇죠. 뭐든 꾸준히 하는 게 중요한 것 같아요. 어르신, 마지막으로 한 가지만 더 여쭤볼게요. 기존에 기준 시가 9억 원을 초과해서 주택임대소득을 신고했던 분들 중, 2023년부터 개정된 기준 시가를 몰라 기존대로 계속 신고를 한다면 추후에 환급을 받을 수 있나요?"

"네. 방금도 말했지만, 세법은 개정이 많이 되는 법이에요. 그렇기에 만약 바뀐 법을 몰라 기존대로 신고를 하게 된다면 경정청구를 통해 환급을 받을 수 있어요. 다만 경정청구 환급 기간은 접수일로부터 2~3개월이 걸리므로 신고하기 전에 꼼꼼히 따져 보는 게 좋아요."

"그렇군요. 앞으로 잘 따져보고 신고하도록 할게요. 바쁘신데도 불구하고 자세히 알려주셔서 감사합니다."

"도움이 되었다니 다행이네요. 혹시 세금 신고나 세금 관련해서 도움이 필요한 게 있으면 언제든지 연락하세요. 여기 동의서에는 사인했어요."

"감사합니다. 어르신, 들어가 보세요."

나는 퇴직한 주택임대소득자입니다.

1. 주택임대소득

1) 과세 대상

	월세	보증금
1주택	비과세(기준 시가 9억 원 초과, 국외 소재 주택은 과세) *2023년부터 기준 시가 12억 원 초과	간주임대료 과세 제외
2주택	과세	
3주택	과세	**간주임대료 과세** (보증금 등 −3억)의 적수 × 60% × $\dfrac{1}{365}$ × 정기예금이자율 (22년 이자율: 1.2%) *2023년부터 이자율 2.9% ▶ 손택스 〉 신고·납부 〉 종합소득세 〉 주택 간주임대료 계산해보기 ▶ 홈택스 〉 세금 종류별 서비스 〉 세금 모의 계산 〉 주택 간주임대료 계산해보기 **소형 주택은 과세 제외** 전용 면적 40㎡ 이하이면서 기준 시가 2억 이하

2) 신고 유형

	신고 유형
2천만 원 이하	분리과세와 종합과세 중 선택 가능 ▶ 손택스 〉 신고·납부 〉 종합소득세 〉 주택임대소득 종합·분리과세 세액 비교 ▶ 홈택스 〉 세금 종류별 서비스 〉 세금 모의 계산 〉 주택임대소득 종합·분리과세 세액 비교
2천만 원 초과	다른 소득과 합산하여 종합과세

3) 계산 구조

계산 구조		종합과세	분리과세	
	주택임대 수입금액	월세 + 간수임대료	월세 + 간주임대료	
−	주택임대 필요경비	장부기장: 실제 지출 추계신고: 경비율 이용	임대등록: 60%	임대미등록: 50%
=	주택임대 소득금액	−	−	
+	다른 종합소득금액	근로·사업소득 등		
=	종합소득금액	−	−	
−	소득공제	인적공제, 보험료 공제 등	임대등록: 4백만 원	임대미등록: 2백만 원
			주택임대소득 외 종합소득금액 2천만 원 이하인 경우	
=	과세표준	−	−	
×	세율	6%~45%	14% 단일세율	
=	산출세액	−	−	
−	공제·감면세액	소형임대주택 세액감면 가액: 6억 이하 면적: 85㎡ 이하, 수도권 제외 읍·면 100㎡ 이하	임대주택 1호 단기(4년): 30% 장기(8년): 75%	임대주택 2호 이상 단기(4년): 20% 장기(8년): 50%
=	결정세액	−	−	

4) 사업장 현황 신고

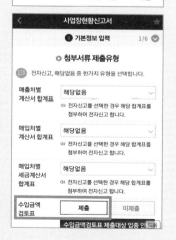

수입금액(매출액) 내역

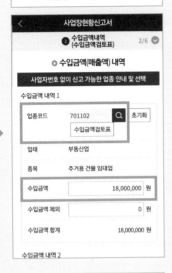

주택임대 업종 코드 입력

주택임대물건 입력

수입금액(매출액) 구성 명세 입력

5) 종합소득세 신고

손택스 〉 신고·납부 〉 종합소득세 일반신고

주택임대소득·부동산임대업 외의 사업소득

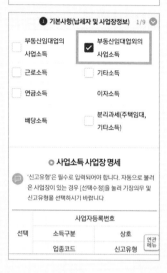

사업소득 기본사항 입력

총수입금액 입력

p2

소득금액명세서 확인

◇ 사업장정보

(단위 : 원)

	소득구분
신고유형	사업자등록번호
주업종코드	상호
수입금액	소득금액
입력/수정	32
단순경비율	000-00-00000
701102	
18,000,000	10,332,000

◇ 합계

부동산임대업의 사업소득 합계	0 원
부동산임대업외의 사업소득 합계	10,332,000 원

세액계산 확인

21 종합소득금액	10,332,000 원
22 소득공제	1,500,000 원
23 과세표준 (21 - 22)	8,832,000 원
24 세율	6 %
25 산출세액	529,920 원
26 세액감면	0 원
27 세액공제	70,000 원

결정세액

26 종합과세 (23·24- 25)	459,920 원
27 분리과세소득	0 원
28 합계 (26 + 27)	459,920 원

업종 코드	분류	단순경비율	기준경비율
		직전 연도 수입금액 ▶2천 4백만 원 미만자 ▶신규사업자 7천 5백만 원 미만자	직전 연도 수입금액 ▶2천 4백만 원 이상자
701101	주거용 건물 임대업 기준 시가가 9억 원을 초과하는 주택	37.4	15.2
701102	기준 시가가 9억 원을 초과하지 않는 아파트, 공동주택, 다가구주택, 단독주택 등	42.6	17.2
701103	주거용 건물 임대업(장기임대공동·단독주택)	61.6	20.1
701104	주거용 건물 임대업(장기임대다가구주택)	59.2	21.3

6) 분리과세 신고

손택스 〉 신고·납부 〉 종합소득세 〉 종합소
득세 분리과세 주택임대 신고(정기 신고)

분리과세 주택임대소득 입력

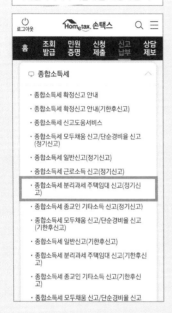

7편_

703호 재능 기부 할머니

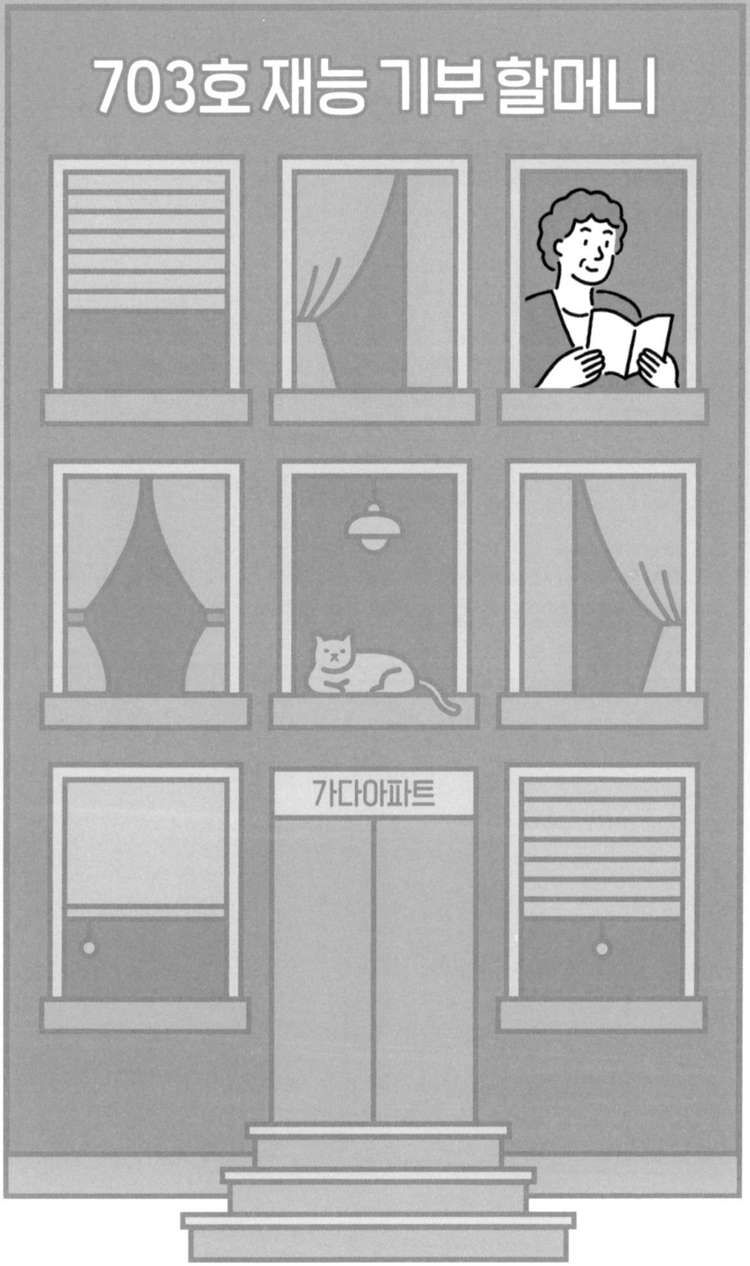

엄마가 증여해 주셨어요!

아침 운동을 마치고 집에 돌아왔는데도 손녀딸 민주는 여전히 꿈나라이다. 늦잠을 자지 않도록 신경 써 달라고 했던 딸아이의 당부가 있었지만, 곤히 자고 있는 손녀딸이 너무 사랑스러

워 차마 깨울 수가 없다. 할머니 집에서 만큼은 푹 쉬다가 갔으면 하는 마음에 이불만 다시 덮어주고 방에서 나온다.

이후 간단하게 집안을 정리하고, 손녀딸이 좋아하는 소금빵과 요거트를 준비한 뒤, 거실 창가에 앉아 책을 읽는다. 볕이 잘 들어오는 창가에 앉아 여유를 만끽하는 이 시간은, 하루 중 내가 가장 좋아하는 시간이다. 그렇게 책을 절반쯤 읽었을 때, 손녀딸 민주가 배가 고프다며 방에서 나온다.

"할머니, 배고파요."

"해가 중천에 떴을 때 일어나니까 배가 고프지. 빵이랑 요거트 준비해 뒀어."

"역시 할머니가 짱이라니까! 할머니도 같이 먹어요."

"할미는 진작에 먹었지. 그나저나 어제 몇 시에 잤기에 이 시간에 일어나?"

"새벽 2시에 잤어요."

"뭐? 새벽 2시? 뭐 하다가 그렇게 늦게 잤어?"

"웹툰 보느라요. 제가 제일 좋아하는 웹툰이 있는데, 지난주에 휴재가 돼서 이번 주만을 손꼽아 기다렸거든요. 게다가 이벤트에 참여해서 받은 쿠키로 미리보기까지 다 보고 잤더니, 너무 늦게 잠들었어요."

"으이구! 그게 그렇게 재미있어?"

"네. 재미있고 가볍게 읽기 좋아서 시간 가는 줄 모르겠어요. 그리고 웹툰을 봐야지 학교나 학원에서 친구들이랑 대화거리가 생긴단 말이에요."

"너희들 사이에서 웹툰이 인기가 많은가 보네. 안 그래도 2층에 웹툰 작가하려는 언니가 한 명 있는데, 나중에 연재하면 할미도 한 번 봐야겠구나."

"웹툰 강추합니다. 그런데 할머니, 점심은 뭐 먹어요?"

"짐심? 글쎄 뭐 먹고 싶은 거 있어?"

"음, 저는 마라탕이요!"

"또 마라탕이야? 우리 민주 마라탕 정말 좋아하네."

"맞아요. 마라탕이 제 최애 음식이에요."

"그렇다면 또 안 사줄 수가 없지. 전에 시켰던 곳에서 주문하면 되지? 맵기도 지난 번처럼 하면 되고?"

"네. 할머니 집에 오면 늦잠도 잘 수 있고, 원하는 음식도 다 먹을 수 있어서 너무 좋아요."

"그래? 그럼 자주 놀러와. 할미도 우리 민주 볼 수 있어서 너무 좋아."

"그리고 싶은데 할머니 이제 제주도로 이사 가시잖아요."

"그게 왜? 지금처럼 할미 보고 싶을 때마다 제주도로 놀러 오면 되지."

"지금은 할머니 집에 지하철 타고 혼자 올 수 있는데, 제주도로 가시면 저 혼자서 갈 수가 없잖아요."

"14세 이상이면 혼자서 국내선 비행기 탈 수 있는데, 왜 못 와? 이제 중3이니까 우리 민주도 그 정도는 할 수 있잖아."

"그렇긴 한데…. 할머니 그냥 안 가면 안 돼요? 지금처럼 가까운 게 좋단 말이에요."

"할미도 그러고 싶은데, 할아버지가 남은 생을 고향에서 보내고 싶다고 하시니 소원 들어드려야지."

"할머니 집은 제 피신처인데, 나만의 피신처가 제주도로 옮겨지다니…."

"호호호, 엄마의 잔소리로부터 피하는 피신처야?"

"네. 사실 요즘 엄마가 고등학교 진학 문제로 너무 예민해져 있거든요. 고등학교 진학은 제가 하는 건데 말이에요."

"저런, 우리 민주 스트레스 많이 받겠네."

"맞아요. 그래서 마라탕 먹고 스트레스를 풀어야 해요. 할머니, 마라탕 언제 도착한대요? 빨리 먹고 싶은데…."

"마라탕이 그리 좋아?"

"네! 중독성이 강해서 매일 먹고 싶은 맛이에요."

"그래? 할미는 이해할 수 없는 맛이던데…. 아무튼 이제 배달 출발했다고 하니 조금만 기다리면 될 것 같아."

잠시 뒤, 주문한 마라탕이 도착했다는 알람이 오고 303호 현우 청년이 배달을 하러 왔다. 그 사이 잠이 든 민주를 뒤로하고, 현우 청년과 사업소득에 대한 이야기를 나누었다. 그렇게 한참을 이야기하고 들어오니 어느새 잠에서 깬 민주가 마라탕을 먹고 있다.

"할머니 무슨 이야기를 그렇게 오래하세요?"

"아, 아랫집에 사는 청년인데, 세금에 대해 물어볼 게 있다고 해서. 얘기하다 보니 길어졌네."

"아! 맞다. 저도 할머니한테 물어볼 게 있어서 온 거예요."

"뭐야, 할미 보고 싶어서 온 게 아니었어?"

"헤헷, 겸사겸사 온 거예요. 사회 교과서 숙제인데, 지속 가능한 경제생활을 하려면 어떻게 해야 하는지를 경제생활을 하고 있는 사람과 인터뷰를 해서 가져가야 해요."

"요즘에는 그런 걸 숙제로도 내주는 구나. 그래, 그래서 무엇을 묻고 싶은 건데? 질문지를 줘야 할미가 어떻게 대답할지 준비를 하지."

"할머니는 질문하면 바로 대답해 주실 거 같은데요?"

"이 녀석아, 할머니가 주크박스도 아니고 어떻게 바로 대답을 해. 질문이 무엇인지 알려줘야 대답을 하지. 일단 질문이 뭔지 들어나 보자."

"첫 번째 질문, 당신의 MBTI는?"

"아니, 경제 질문에 MBTI는 왜 물어?"

"할머니는 요즘 유행을 모르시네. 요즘 인터뷰는 MBTI를 물어보는 것부터 시작이에요."

"그래? 참 별게 유행이네. 할미 MBTI는 ISTJ."

"와, 할머니랑 딱 맞네. 봐요. 이 한 질문으로 어떤 사람인지 딱 알 수 있죠?"

"뭐, 길게 설명할 필요 없이 간단명료해서 좋네."

"요즘 사람들은 대답이 길어지면 싫어해요. 다음 질문으로, 지속 가능한 경제생활이란 무엇인가요?

"흠, 소득을 생애 주기에 맞게 적절히 배분하여 노년기에도 안정적인 생활을 누릴 수 있는 게 하는 거 아닐까?"

"그럼 노년기에 안정적인 생활을 하기 위해서는 어떻게 준비를 해야 하나요?"

"소득이 있는 30대에서 50대에 은퇴 이후를 대비하기 위하여 자산 관리를 해야 합니다."

"당신은 자산 관리를 어떻게 하셨나요?"

"부동산, 주식, 채권, 달러에 투자하는 등 자산을 배분해서 투자했습니다."

"부동산 투자는 어떻게, 무엇을 하셨나요?"

"끊임없는 공부를 통해 부동산을 싸게 매입하는 등 미래에 좋아질 것에 투자를 히었습니다."

"어, 잠깐만요. 엄마랑 아빠가 부동산 얘기할 때 이 말을 많이 하던데, 혹시 할머니가 알려주신 거예요?

"맞아. 할미가 젊었을 때 민주 엄마 귀에 못이 박히도록 했던 이야기지. 물론 이제는 할미보다 엄마가 부동산 투자를 더 잘하지만…."

"그럼 엄마의 부동산 투자는 할머니가 알려주신 거예요?"

"그렇지. 네 엄마는 어렸을 때부터 할미랑 같이 임장을 참 많이 다녔었어."

"임장이요? 그게 뭐예요?"

"임장이란 부동산이 있는 현장에 직접 가 보는 걸 말해. 할미가 엄마를 참 많이 데리고 다녔었지."

"엄마는 부동산 보러 갈 때 저 안 데리고 가던데…."

"지금은 민주가 공부하기 바쁜 학생이라 그럴 거야."

"아! 그러고 보니 저희가 지금 살고 있는 집이 할머니가 낡은 아파트를 샀는데, 새 아파트로 바뀐 거라고 들었어요."

"맞아. 그리고 그걸 재건축된 아파트라고 해. 아파트가 오래되어서 안전에 위험하니 다시 새롭게 지은 거지. 새 집에 사니까 좋지?"

"네. 전에 살던 집도 좋긴 했는데, 여기는 아파트 단지 내에 이용할 수 있는 시설이 많아서 좋아요. 그런데 왜 할머니가 새 아파트에 살지 않고, 엄마에게 주신 거예요?"

"그건 나중에 할아버지, 할머니가 가족 곁을 떠나게 되면, 엄마에게 상속세 부담을 줄 것 같아서 미리 사전 증여를 해준 거란다. 자세한 건 민주에게는 어려우니 지금은 그냥 '할미가 엄마를 위해서 미리 준비해 주고 있구나' 정도로 생각하면 될 것 같아."

"네. 무엇인지 모르겠지만 엄마는 좋겠어요. 할머니한테서 받은 게 많아서요."

"민주도 엄마한테 받은 게 있을 텐데?"

"엄마의 사랑?"

"이 녀석아 엄마의 사랑은 당연한거고. 엄마가 증여해 준거 있잖아?

"아, 주식이요?"

"그래, 주식. 민주 너는 엄마가 어떤 돈으로 주식을 사는 건지 알고 있니?"

"엄마가 주식을 사면서 어떤 돈으로 사는 건지 설명해 줘서 대충은 알고 있어요. 저에게 현금 증여를 하고, 그 돈으로 산 거 아닌가요?"

"맞아. 그럼 증여가 뭔지도 알고 있니?"

"음, 무엇을 줬다는 말 아니에요?"

"얼추 맞긴 하지만 정확히 말하자면, 대가 없이 무상으로 재산을 이전해 주는 것을 말해. 보통 증여받는 재산에는 증여세가 과세되는데, 증여공제 범위 내 증여는 증여세가 나오지 않게 된단다. 그래서 엄마가 민주 태어나자마자 증여공제 범위에 맞춰 10년에 한 번씩 증여하고 있었던 거야."

"왜 10년에 한 번씩이에요?"

"10년 이내에 동일인에게 증여받은 재산은 전부 합산해서 증여세를 계산하기 때문에, 증여세가 없는 공제 범위까지 10년에 한 번씩 증여하고 있어. 민주가 태어나자마자 2천만 원, 열 살 이후 2천만 원, 스무 살 이후 5천만 원, 서른 살 이후 5천만 원 증여를 받는다면, 나중에 증여세 없이 현금 증여를 받게 되는 거야. 즉, 증여세에 대한 부담이 줄어드는 거지."

"그럼 주식은 왜 사주신 거예요?"

"그건 2천만 원으로 산 주식이 주식 가치 상승으로 3천 만 원, 4천만 원이 되어도 그 증액분에 대한 세금이 없기 때문이야. 주가가 올라 재산이 늘어난 것에 대해서는 증여세가 과세되지 않거든."

"그럼 주가가 오르는 주식으로 잘 골라야겠네요?"

"그렇지. 그리고 주식을 자주 매도·매수해서도 안 돼. 그렇게 되면 민주의 주식계좌가 부모의 차명계좌로 간주될 수도 있고, 부모의 적극적인 수식 거래로 주식 가치가 크게 증가된 경우에는 이를 또 하나의 증여 행위로도 볼 수 있거든."

"전부 저한테 어려운 말들이네요. 부모님이 경제 이야기를 나눌 때 귀 담아 들으려고 하는데, 용어를 모르니까 무슨 말인지 모르겠어요."

"주식, 투자 등과 관련된 용어는 어렵기에 충분히 그럴 수 있어. 그나저나 민주가 경제에 관심이 있는 줄 몰랐네?"

"엄마가 주식을 사주셔서 주식에 관심이 생기긴 했어요. 그리고 친구들도 농담처럼 어느 회사에 투자하면 안 된다고 하고, 주식으로 돈을 벌거나 잃은 애기도 하거든요."

"어렸을 때부터 돈과 경제에 대해 공부하는 건 좋은 거지. 부동산과 세금 관련해서는 이 할미에게 물어보고, 주식 관련해서는 할아버지에게 많이 물어봐. 민주가 물어보면 자다가도 일어나서 알려줄 수 있으니까."

"역시 할머니가 최고예요. 엄마는 주식에 대한 질문만 하면 나중에 알게 된다고 공부만 하라고 하시거든요. 제 주식으로 어떤 걸 샀고, 왜 그걸 샀는지 알고 싶은데 말이에요. 그래서 주식 고수인 할아버지에게 물어보고 싶은 게 많아요."

"부동산 투자만큼 주식도 흥미진진한 이야기가 많지. 결국 다 우리들의 삶과 관련된 이야기거든."

"무슨 이야기가 있는지 궁금하지만, 이제 학원에 갈 시간이에요. 갔다 와서 들려주세요."

"그래. 그리고 저녁에 와서 주식에 대해 궁금했던 것들 전부 할아버지에게 물어보도록 해. 저녁은 뭐 먹고 싶은 거 있니?"

"네. 소고기 미역국이랑 계란말이요."

"좋아, 이 할미가 계란말이 두툼하게 말아서 준비해둘게. 지하철역까지 같이 나가자."

민주를 지하철역까지 데려다주고 들어오는 길에 503호 교수님을 만나 세금 관련 이야기를 나눴다. 세무 일을 그만 둔지 오래되었음에도 세금 문제로 힘들어하는 사람들을 만날 때면 가슴이 아프다. 그때나 지금이나 여전히 세금은 어렵고 억울한 사람들이 생긴다. 그러므로 나와 관련된 세금은 알아야 하고, 공부해야만 하는 것이다.

비과세 금융 상품이 뭐예요?

　이른 아침에 만난 경비 아저씨부터 603호 추진위원장님까지 오늘 다양한 사람들을 만나 다양한 세금 이야기를 나누었다. 고지서 송달 과정에서의 문제, 세금 신고 과정에서의 문제,

명의를 빌려주었다가 발생한 문제 등 우리 주변에는 크고 작은 세금 문제들이 발생한다. 그리고 이때 그 금액이 크든 작든 이러한 문제가 발생하면 마음에 상처를 받을 수밖에 없다.

이렇듯 순수한 마음으로 누군가를 돕거나 세금을 전혀 알지 못한 상황에서 한 행위가 억울한 세금이라는 부메랑으로 돌아오는 경우를 많이 봐 왔다. 물론 하루하루 살기 바쁜데 세금까지 알아야 할 여력이 없다는 것을 안다. 하지만 돈을 벌기 위해 바삐 사는 건데, 힘들게 번 돈을 세금을 몰라 억울하게 내야 하는 일은 없어야 하지 않을까.

203호 유진이, 303호 현우처럼 이제 막 사회에 발을 내딛은 청년들이 세금에 부정적인 생각을 갖지 않기를 바란다. 한편 403호 커피숍 사장님이 잘 이겨내고 스스로 세금을 처리하는 모습을 보니 세금이라는 게 못할 만큼 어렵지 않을 수 있다는 생각도 든다. 그렇게 한참을 생각에 잠겨 있다 보니 어느덧 민주가 돌아올 시간이 되어 간다. 서둘러 미역국과 계란말이를 준비하고, 민주의 마중을 나가기 위해 남편과 지하철역으로 향했다. 건물 밖으로 나오자 붉게 물든 하늘이 하루가 마무리되고 있음을 알려준다. 남편과 지하철 앞 공원에 앉아 노을이 지는 걸 바라보며, 민주를 기다린다.

"이 공원에 앉아서 이렇게 노을 구경하는 것도 이제 얼마 안 남았네? 여기서 당신이랑 참 많은 이야기를 나눴는데."

"그러게요. 정든 곳을 떠나려니 많이 아쉬워요."

"아파트 주민들하고 헤어지는 것도 아쉬울 거 같아. 다들 정도 많고 서글서글해서 좋았는데 말이야. 그나저나 오늘 세금 상담해 주는 거 같던데, 다들 무슨 일이 있는 거야?"

"어쩜 다들 사연이 많은지, 사연 없는 사람이 없네요."

"사는 게 다 그렇지. 아, 상담하는 김에 나도 좀 해 주구려."

"뭐가 궁금한데요?"

"나야 항상 주식 생각이니 주식 관련 내용이지. 신문에 '금투세', '금투세 유예'라는 내용이 있던데 금투세가 뭔가 해서."

"아, 금투세요? 금투세란 우리가 종합부동산세를 종부세라고 부르는 것처럼 금융투자소득세를 줄여서 말하는 거예요. 보통 해외 주식의 경우 매도 시 양도 차익이 있으면 양도소득세를 내는데, 현재 국내 상장 주식의 양도 차익은 대주주가 아니면 세금이 없어요. 하지만 이제 국내 상장 주식, ETF, 펀드, 파생 상품 등 금융 투자 상품으로부터 발생하는 양도 차익에 대해서도 세금을 내게 됐죠. 그리고 이때 발생하는 세금을 금융투자소득세라고 하는 거예요."

"금투세를 얼마나 내게 되는 건데?"

"과세 기간은 1월 1일부터 12월 31일까지로, 1년의 과세 기간별로 상장 주식과 펀드 등 금융 투자 상품의 손익을 합산해서 연 5천만 원까지는 기본공제를 해 주고, 그 이상 차익에 대해서는 22%의 세율을 적용해요. 만약 수익이 3억 원 이상이면 27.5%의 세율이 적용되고요."

"그럼 세금 신고를 해야 되는 거야?"

"금투세를 증권사에서 원천징수하여 납부하게 될 거 같은데, 금융 회사를 통하지 않은 소득일 경우 개인이 관할 세무서에 신고·납부하고, 추가 납부나 환급세액이 발생하는 경우 5월 종합소득세 신고 기한에 관할 세무서에서 신고 및 정산할 수 있을 거 같아요. 다만 금투세가 2025년까지 유예가 돼서 아직 정확한 절차까지는 잘 모르겠어요."

"잘 이해가 되지 않는데? 그럼 5월 종합소득세 신고 기간에 신고한다면, 다른 소득과 금투세를 합산해서 신고해야 한다는 얘기야?"

"아뇨. 금투세는 분류과세예요. 양도소득, 퇴직소득처럼 다른 소득과 합산하지 않고 신고·납부하는 세금이죠. 양도소득이나 퇴직소득처럼 어쩌다가 한 번 발생하는 소득에 매년 발생하는 다른 소득을 합산해서 높은 세율을 적용받으면 안 되기에 따로 세금 계산을 해요."

"그렇다면 세율은 22%, 27.5%로 정해진 거군. 그럼 국내 주식을 팔아서 1억 원의 수익이 났다고 가정한다면, 세금이 얼마가 되는 거지?"

"5천만 원까지는 비과세가 되고, 나머지 5천만 원에 대해서는 22%의 세율을 적용해서 1,100만 원의 세금을 납부해야 해요. 단, 손실이 났다면 5년 동안은 이월공제가 가능하죠. 하지만 이월공제가 된다고는 해도 손실보다 이익이 나는 게 더 좋을 거예요."

"그렇겠지. 뭐가 됐든 손실보다는 이익이 나으니까. 그나저나 유예를 한다는 건 당분간은 세금을 안 낸다는 뜻인 거지? 그럼 2025년 이후로 더 유예가 될 수 있을까?"

"금융투자소득세법이 신설되었지만, 2년 유예가 돼서 2025년에 발생하는 주식의 양도 차익부터 적용되는 걸로 개정이 되었어요. 물론 앞으로 법이 어떻게 바뀔지 지금에서는 알 수 없지만, 어떤 세금인지 알고 있으면 법이 시행될 때 어떻게 대응할지 알 수 있을 거예요."

"당신은 어떻게 대응할 생각인데?"

"금투세가 시행된다면 부부 각각의 명의 계좌로 분산해서 각각 연 5천만 원까지 공제하여 차익 1억 원까지는 비과세 적용을 받고, 비과세 금액을 넘어선다면 개인종합자산관리계좌인 ISA계좌를 통해 투자하는 것도 절세할 수 있는 방법이라고 생각해요."

"그래서 중개형 ISA계좌를 개설하라고 했던 거야?"

"네. 만약 당신이라면 똑같이 주식 투자를 해서 이익이 났는데, 누구는 비과세를 잘 활용해서 세금을 적게 내고, 누구는 세금을 다 낸다고 하면 어떤 방법을 선택할 거 같아요?"

"당연히 세금을 적게 내는 방법을 택하겠지. 하지만 애초에 비과세 혜택을 어떻게 받는지 잘 모르고 있으니, 뭘 선택해야 할지 고민도 안 했을 것 같아."

"맞아요. 그래서 관심을 두는 만큼 비과세 금융 상품이 보이는 거 같아요."

"아, 그런데 ISA계좌가 정확히 무슨 계좌야? 당신이 가입하라고 해서 하긴 했는데, 아직까지 한 번도 사용을 못해 봤네."

"ISA계좌란 개인종합자산관리계좌로, 가입자가 예·적금, 펀드 등 다양한 금융 상품을 선택하여 통합 관리할 수 있는 계좌를 말해요. 19세 이상 국내 거주자이면 가입할 수 있으며, 전체 금융기관 중에서 1개만 가입이 가능하죠. 또 최소 계약 기간은 3년이고, 계약 기간은 연장이 가능해요. 이때 납입 한도는 연 2천만 원으로, 5년 한도로 1억까지 납입이 가능하고요.”

“어떤 세제 혜택이 있어서 가입하라고 했던 거야?”

“네. 금투세가 시행된다면 주식 투자로 수익이 난 경우에는 5천만 원을 공제한 후에 세금을 내야 해요. 하지만 ISA계좌에서는 발생한 수익 전액이 비과세가 되죠. 또 연간 2천만 원씩 해서 최대 1억 원까지만 불입이 가능하지만, 최대 1억 원을 넣고 투자를 한나면, 비과세로 복리 효과를 누릴 수 있을 거예요.”

“그렇다면 금투세 시행 전에 ISA계좌를 활용해야겠네.”

“그렇죠. 게다가 금투세뿐만 아니라 금융 상품의 운용 결과로서 계좌 내 운용 수익인 이자소득, 배당소득에 대해서도 세제 혜택이 있어요. ISA계좌에서 이자소득, 배당소득 등 금융소득이 발생하면 200만 원까지는 비과세, 만약 서민형 계좌인 경우는 400만 원까지 비과세가 되고, 그 이상의 금융소득에 대해서는 9% 저율의 세율이 적용돼요. 또 비과세 상품이 아닌 일반계좌에서 발생하는 금융소득에 대해서는 14%의 세율이 적용되고요. 이렇듯 ISA계좌의 금융소득은 일정금액이 비과세가 되고, 저율의 세율이 적용되니 절세 효과가 크죠.”

"금투세가 시행되기 전에 ISA계좌를 가입하라고 한 건 줄 알았는데, 금융소득하고도 연관이 있었군. 그런데 여보, 우리 금융소득에 대한 종합소득세 신고는 하고 있어? 내가 한 기억은 없는 것 같아서."

"네. 주식 배당으로 금융소득이 2천만 원을 초과하고 있어서 종합소득세 신고를 하고 있어요. 금융소득은 2천만 원 이하이면 14%의 세율이 적용되어 분리과세로 납세 의무가 종결되고, 2천만 원 초과이면 다른 타 소득과 합산해서 종합소득세 신고를 해야 하거든요."

"당신이 하고 있었다니 다행이네. 그렇다면 금융소득 2천만 원 초과로 종합소득세 신고 시, ISA계좌의 운용 수익도 포함이 되는 거야?"

"아뇨. 다른 계좌와 달리 ISA계좌는 비과세와 분리과세로 납세 의무가 종결되기 때문에 종합소득세 신고 시, 운용 수익이 포함되지 않아요."

"오, 종합소득세 신고 시 포함되지 않는 다는 건 정말 큰 혜택 아니야?"

"맞아요. 그리고 건강보험료 산정 시에도 ISA계좌의 운용 수익은 포함되지 않고 있어요."

"그거 정말 큰 혜택이네. 아무리 건강보험료가 세금이 아니라고 해도 안 낼 수 없는 준조세라서 부담스러운 건 맞으니…."

"그렇죠. 만약 일반계좌와 ISA계좌로부터 똑같은 이익을 얻었는데, 세금 차이와 건강보험료 산정금액의 포함 여부까지 달라진다면 어떤 계좌를 선택할거 같아요?"

"그야 금투세, 금융소득, 건강보험료까지 혜택이 있으면 당연히 ISA계좌를 선택하겠지."

"맞아요. 여러 가지 혜택을 받을 수 있으니까요. 또 ISA계좌는 ISA 만기 자금을 60일 이내에 연금계좌로 전환하면, 종합소득세 연금계좌세액공제 혜택을 전환 납입액의 10%로, 최대 300만 원까지 받을 수 있어요. 하지만 ISA계좌는 납입 한도가 있어서 ISA계좌에서 연금계좌로 출금한 금액만큼 다시 ISA계좌에 넣을 순 없죠. 따라서 연금계좌세액공제가 나을지 ISA계좌 운용 수익이 나을지는 본인이 판단을 해야 해요."

"올바른 판단을 위해서는 비과세 금융 상품에 대해 알면 도움이 되겠어. 이런 금융 상품에 대해 알려면 어떻게 해야 해?"

"은행이나 증권사에서 비과세 금융 상품이라고 홍보하는 상품을 알아봐도 되겠지만, 그런 상품이 나오는 법령 근거는 조세특례제한법이에요. 줄여서 조특법이라고 하는데, 이 법을 무조건 알고 있어야 하는 건 아니지만, 조특법을 보면 저축 지원을 위한 비과세 금융 상품이 열거가 되어 있어서 알아보기 수월하죠."

"수월하다고? 조특법이라고 하니까 왠지 엄청 복잡할 거 같은데?"

"법이라고 해서 어려울 거 같은데 전혀 그렇지 않아요. 법 찾는 방법만 알면 어떤 상품이 비과세인지 매우 쉽게 찾을 수가 있어요. 그리고 이렇게 찾은 상품에 대해서는 거래하는 은행이나 증권사에 문의해 보면 되고요."

"법을 찾아야 하기에 어려울 것 같은데… 어떻게 찾을 수 있는 건데?"

"전혀 어렵지 않아요. 조특법을 보면 〈9절 저축 지원을 위한 조세 특례〉라고 비과세 금융 상품만 모아져 있는 부분이 있어요. 제목만 봐도 어떤 금융 상품이 있는지 알기 쉽게 나와 있죠. 예를 들면 지금까지 설명했던 개인종합자산관리계좌에 대한 과세특례(ISA)가 있고, 장병내일준비적금에 대한 비과세, 청년희망적금에 대한 비과세, 청년도약계좌에 대한 비과세 등이 나와 있어요. 자세한 방법은 메모해서 알려줄 테니 당신도 한 번 해 보세요."

"그래야겠어. 당신이 알려주긴 하지만, 나도 경험삼아 한 번 찾아봐야지."

"그래요. 꼭 한 번 해 보세요. 본인이 비과세 금융 상품, 자산을 늘릴 수 있는 금융 투자 방법을 찾아가는 것도 좋은 공부라고 생각해요."

"알겠어. 그나저나 당신이랑 대화를 해 보니 비과세 혜택·세액공제 등으로 절세하는 것이 꼭 부동산·주식으로 재테크하는 것 같네."

"맞아요. 세금을 합법적으로 절세하는 것을 세테크라고 하죠. 그렇기에 이왕이면 금융 상품도 비과세되거나 세제 혜택이 있는 걸로 고르는 게 좋아요. 절세라는 게 사실 특별한 게 아니고, 제때 제대로 신고·납부해서 가산세 내는 일이 없고, 세제 혜택을 챙기고, 소득을 분산하는 방법을 찾는 거거든요."

"할멈이 세금을 잘 알고 있으니 아주 쓸모가 있네그려."

"세금을 알면 도움 되는 게 많아서 힘들어도 공부하게 되는 거 같아요."

"나야 당신이 알려줘서 좋지만, 나보고 세금 공부하라고 하면 싫었을 거 같아. 보통 세금은 복잡하고 어려워서 알려고들 하지 않잖아."

"그렇죠. 그래도 한 번쯤은 세금에 대해 알아보고자 하는 마음을 가졌으면 좋겠어요. 그러면 생각보다 어렵지 않다는 걸 알게 될 텐데…."

"좋은 걸 알리는 일이 쉽지가 않지. 그나저나 이제 민주가 올 시간이 됐는데 늦네."

그때 민주가 우리를 보고 지하철역에서 뛰어온다. 그리곤 오늘 학원에서 있었던 우스운 이야깃거리를 쉴 새 없이 이야기한다. 그렇게 우린 조잘조잘 얘기하는 손녀딸의 손을 각자 잡고, 어둑어둑해지는 하늘을 뒤로한 채, 집으로 향한다.

나는 금융소득자입니다.

1. 증여세

1) 계산 구조

	계산 구조	내용				
	증여재산가액	국내외 소재 모든 재산				
−	비과세 및 과세가액 불산입액	·비과세: 사회통념상 인정되는 피부양자의 생활비, 교육비 등 ·과세가액 불산입: 공익 법인 등에 출연한 재산 등				
−	채무액	·증여 재산에 담보된 채무(임대보증금, 금융기관 채무 등)				
+	증여재산가산액	·증여일 전 동일인으로부터 10년 이내에 증여받은 재산의 과세가액 합계액				
=	증여세 과세가액	−				
−	증여공제	·증여재산공제				
			증여자	배우자	직계존속	직계비속	기타친족
			공제 한도액	6억 원	5천만 원 (미성년자 2천만 원)	5천만 원	1천만 원
		·재해손실공제				
−	감정평가수수료	−				
=	증여세 과세표준	−				
×	세율	10~50%				
=	증여세 산출세액	−				
−	세대생략 할증세액	·수증자가 증여자의 자녀가 아닌 직계비속이면 30% 할증				
−	세액공제 등	·납부세액공제, 외국납부세액공제 등				
+	가산세 등	·무신고가산세, 납부지연가산세 등				
−	분납·연부연납					
=	자진 납부할 증여세액	−				

2) 신고 방법-증여세

손택스 〉 신고·납부 〉 증여세

증여세 일반증여(정기 신고)
▶수증자(재산을 받은 자)가 신고 및 납부

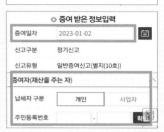

증여재산공제: 증여자와의 관계, 미성년자
세대생략 할증세액: 세대를 건너 뛴 증여

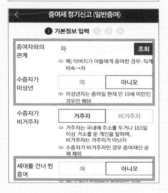

증여재산: 증여재산, 증여재산가산액
증여재산 종류: 현금, 토지, 공동주택 등

증여재산명세 등록: 증여재산 내역
▶증여재산 내역 수정 가능

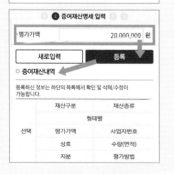

증여세 세액계산

3)차입금을 증여로 보는 경우

	돈을 빌려준 자	돈을 빌린 자
세금	·이자소득세 ▶돈을 빌려주고 이자를 받는 경우: 비영업 대금 이익의 25%	·증여세 ▶법정 이자율(4.6%)의 이자 – 실제 지급 한 이자 ≥ 1천만 원
예시	4억을 2% 이자 지급 조건으로 차용	
	·이자소득세 과세 ▶(4억*2%)*25%=2,000,000원	·증여세 과세 ▶4억*4.6%-4억*2%=10,400,000원(증여가액)
	3억을 2% 이자 지급 조건으로 차용	
	·이자소득세 과세 ▶ (3억*2%)*25%=1,500,000원	·증여세 없음 ▶3억*4.6%-3억*2%=7,800,000원
	2억 1,739만 원 이하로 차용	
	·이자소득세 없음	·증여세 없음 ▶217,391,300원*4,6%=9,999,999원
신고 의무	·금융소득 2천만 원 이하: 25% 원천 징수로 신고 의무 종결(분리과세)	·원천징수이행상황 신고 및 납부: 이자를 지 급하면서 25%의 이자소득세를 원천징수
	·금융소득 2천만 원 초과: 종합소득 세 확정 신고 의무	·이자소득지급명세서 제출

4)신고 방법-돈을 빌린 자

5) 신고 방법-돈을 빌려준 자

홈택스 〉 신고·납부 〉 세금 신고 〉 종합소득세 〉 일반 신고 〉 정기 신고
▶ 금융소득 신고는 손택스에서 신고할 수 없음

2. 이자·배당소득지급명세서 조회

금융소득(이자·배당) 2천만 원 초과한 경우

홈택스 〉 신고·납부 〉 세금 신고 〉 종합소득세 〉 금융소득 조회

금융소득(이자·배당) 2천만 원 이하인 경우

홈택스 〉 MY홈택스 〉 기타 세부정보 〉 금융소득 조회(건강보험공단 통보자료)
▶ 건강보험공단에 통보되는 1천만 원 초과 2천만 원 이하 금융소득자료 내역

3. 개인종합자산관리계좌(ISA)

구분	내용
이자소득, 배당소득 비과세	일반형: 200만 원
	서민형, 농어민형: 400만 원 ▶ 직전 과세 기간의 총급여액이 5,000만 원 이하인 거주자, 직전 종합소득금액이 3,800만 원 이하인 거주자
납입 한도	연간 납입 한도 2천만 원, 최대 1억 원
요건	1명당 1개의 계좌만 보유
	계약 기간이 3년 이상일 것
가입 대상	가입일 기준 19세 이상인 자
	가입일 기준 15세 이상인 자로서 가입일 직전 과세 기간에 근로소득이 있는 자
연금계좌 세액공제	계약이 만료되고 해당 계좌의 전부 또는 일부를 연금계좌로 납입한 경우 그 납입한 금액의 100분의 10에 해당하는 금액(300만 원 한도)의 12% 또는 15%를 공제

4. 조세특례제한법 이용 방법

국세법령정보시스템 〉 법령

▼

주요세법 〉 조세특례제한법

법령

조세특례제한법
[시행 2023. 4. 1.] [법률 제19199호, 2022. 12. 31., 일부개정

법령

가다아파트를 떠나며

'아! 아! 관리사무소에서 알려드립니다. 오늘 오후 2시 관리사무소 회관에서 하수 처리 시설과 관련하여 회의를 하고자 하니 많은 참석 부탁드립니다.'

마을 안내 방송이 들리고, 곧바로 초인종이 울린다.

"택배 문 앞에 났수다."

"네. 감사합니다."

서둘러 나가느냐고 외투를 챙겨 입지 않았더니 바깥의 찬 공기가 몸을 한껏 움츠리게 만든다. 대문 앞에 나가자 묵직한 택배 상자 하나가 놓여 있고, 보낸 사람 주소에는 가다아파트가 적혀 있다. 다들 잘 지내고 있는지…. 주소를 보기만 했는데도 마음이 뭉클해진다. 택배를 가지고 집안으로 들어와 택배 상자를 열어 보니, 내가 좋아하는 빵과 커피 원두, 그리고 편지가 들어 있다. 택배로 온 원두를 갈아 커피 한 잔을 준비하고, 빵을 챙겨와 마당에 있는 테이블에 앉아 편지를 읽는다.

703호 할머니에게...

안녕하세요? 몸 건강히 잘 계시죠?

벌써 할머니가 가다아파트를 떠난 지 1년이 지났어요. 1년의 시간이 어떻게 지나갔는지 모르게 가다아파트 식구들 모두 바쁘게 지냈어요. 저희들 소식 궁금해 하실 거 같아서 이렇게 전해드려요.

저는 여전히 손목이 아프도록 웹툰을 그리고 있어요. 그래도 좋은 소식이라면 제가 그린 웹툰이 주간 연재되기 시작했다는 거예요. 비록 아직은 조회 수가 많이 나오지는 않지만, 독자층은 점점 늘고 있는 중이에요.

303호 현우 오빠는 배달 알바 그만두고 본격적으로 일본으로 상품 보내는 일을 하고 있어요. 일본에서 잘 팔릴 만한 상품을 찾아내서 보내고 있는데 반응이 좋은가 봐요. 게다가 이제는 상처가 많이 아물었는지 무역 관련 일본어 번역 일도 자주 하는 거 같아요.

403호 커피숍 사장님은 원두 거래처가 많이 늘었고, 커피 맛이 좋다는 소문이 나서 손님도 많아졌어요. 사장님 혼자 일할 수 없을 정도로 장사가 잘돼서 직원을 채용힐 정노거요.

503호 교수님은 시사토론 프로그램에 패널로 나가신데요. 방송에 처음 나가는 거라서 떨려하신다고 들었는데 잘하실 거 같아요.

다음 주에 방송 한다고 하니 꼭 챙겨 보세요.

한편 가다아파트 리모델링 추진은 603호 추진위원장님 덕분에 잘 진행되고 있어요. 어느 단계까지 사업이 진행되고 있다고 하는데, 저는 잘 모르지만 엄마가 싱글벙글하는 걸 보면 잘되고 있는 거 같아요. 아, 그리고 저희 엄마와 303호 아줌마는 가끔 티격태격하면서도 형님 아우하며 잘 지내고 계시니 이제 걱정하지 않으셔도 돼요.

마지막으로 경비 아저씨는 용역업체와 재계약이 되어서 여전히 저희 아파트를 잘 지켜주고 계세요. 아저씨 집도 정비 사업이 추진되고 있다고 들었는데, 진행이 잘되고 있어서 경비 아저씨가 신바람이 나셨어요.

그리고 저희 모두 가장 중요한 5월 종합소득세 신고 잘 끝냈어요. 할머니 덕분에 이제 5월 종합소득세 신고가 두렵지 않아요.

이처럼 모두 각자 맡은 일 열심히 하며 잘 지내고 있으니 저희들 걱정은 안 하셔도 돼요. 또 좋은 소식들 전해드릴게요.

할머니도 몸 건강히 안녕히 계세요.

몸은 가다아파트를 떠나왔지만, 여전히 그들 모두 내 곁에 있는 것 같다. 모두들 원하는 일 이루며 지금처럼 행복하게 지냈으면 좋겠다. 그들에게 도움을 줄 수 있었다는 것에 감사하다. 누군가에게 도움을 주는 일은 나에게 더 큰 선물로 다가온다. 마지막 남은 커피 한 모금을 마시니 따뜻한 커피가 내 몸을 감싼다. 날씨는 쌀쌀하지만 내 마음은 참 따뜻하다.

종합소득세 정리 노트

I. 종합소득세-종합과세

1. 신고 대상

이자소득	금융소득 2,000만 원 초과자
배당소득	
사업소득	·부동산임대업의 사업소득 ·부동산임대업 외의 사업소득(2천만 원 초과하는 주택임대소득 포함)
근로소득	복수근로 소득자 또는 소득금액 100만 원 이상자
기타소득(종교인 소득 포함)	기타소득금액 300만 원 초과자
연금소득	공적연금소득의 총연금액인 연 516만 원(연금소득금액 100만 원) 초과자 또는 사적연금소득의 총연금액인 연 1,200만 원 초과자 ▶2023년 귀속 사적연금소득의 총연금액인 연 1,200만 원 초과자는 전액(초과분 아님)에 대해 분리과세 16.5%와 종합과세 선택 가능

2. 계산 구조

	이자소득	배당소득	사업소득	근로소득	연금소득	기타소득
	총수입금액	총수입금액	총수입금액	총급여액	총연금액	총수입금액
+	–	Gross-up	–	–	–	–
–	–	–	필요경비	근로소득공제	연금소득공제	필요경비
=	이자소득금액	배당소득금액	사업소득금액	근로소득금액	연금소득금액	기타소득금액

▼

	종합소득금액	–
–	종합소득공제	인적공제, 연금보험료공제, 소기업소상공인 공제부금 등
=	과세표준	–
×	기본세율	6%~45%
=	산출세액	–
–	세액감면·공제	자녀세액공제, 연금계좌세액공제, 기부금세액공제, 표준세액공제 등
=	결정세액	–
+	가산세	–
=	총결정세액	–
–	기납부세액	–
=	납부할 세액	–

3. 신고서

종합소득세·농어촌특별세 과세표준 확정 신고 및 납부계산서

관리번호 -	(년 귀속)**종합소득세·농어촌특별세** **과세표준확정신고 및 납부계산서**	거주구분	거주자1 /비거주자2
		내·외국인	내국인1 /외국인9
		외국인단일세율적용	여1 / 부2
		분리과세	여1 / 부2
		거주지국	거주지국코드

❶ 기본사항

① 성 명		② 주민등록번호	-
③ 주 소			
④ 주소지 전화번호		⑤ 사업장 전화번호	
⑥ 휴 대 전 화		⑦ 전자우편주소	

⑧ 기 장 의 무	복식부기의무자	간편장부대상자	비사업자
⑨ 신 고 유 형	자기조정 외부조정 성실신고확인 간편장부 추계-기준율 추계-단순율 분리과세 비사업자
⑩ 신 고 구 분	정기신고 수정신고 경정청구 기한후신고 추가신고(인정상여)

❷ 환급금 계좌신고 ⑪ 금융기관/체신관서명 ⑫ 계좌번호

기장 의무	복식부기 의무자, 간편장부 대상자, 비사업자 중 선택
신고 유형	자기 조정, 외부 조정, 성실 신고 확인, 간편 장부, 추계-기준율, 추계-단순율, 분리과세, 비사업자 중 선택
신고 구분	정기 신고, 수정 신고, 경정 청구, 기한 후 신고, 추가 신고(인정 상여) 중 선택

II. 종합소득세-분리과세

1. 신고 대상

주택임대 사업소득	주택임대 수입금액 2천만 원 이하자 ▶ 종합과세와 분리과세 중 선택할 수 있음
기타소득	소득금액 300만 원 이하자 ▶ 계약금이 위약금 배상금으로 대체되는 경우

2. 계산 구조

	구분	주택임대 사업소득	기타소득 (계약금이 위약금· 배상금으로 대체되는 경우)	기타소득 (가상자산 양도·대여)
	총수입금액	-	-	-
-	필요경비	-	-	-
-	공제금액	임대등록: 4백만 원 임대미등록: 2백만 원 (주택임대소득 외 종합 소득금액 2천만 원 이하 인 경우)	0	2,500,000원
=	소득금액(과세표준)	-	-	-

구분	주택임대 사업소득	기타소득 (계약금이 위약금· 배상금으로 대체되는 경우)	기타소득 (가상자산 양도·대여)
× 기본세율	14%	20%	20%
= 산출세액	-	-	-
- 세액감면	-	-	-
= 결정세액	-	-	-
+ 가산세	-	-	-
= 총결정세액	-	-	-

3. 신고서

종합소득세 과세표준 확정 신고 및 납부계산서(분리과세 소득자용)

(년 귀속) **종합소득세** **과세표준확정신고 및 납부계산서** (분리과세 소득자용)	거주구분	거주자1 / 비거주자2
	내·외국인	내국인1 / 외국인9

관리번호 -					
❶ 기본사항	① 성 명		② 주민등록번호		
	③ 주 소		④ 전자우편주소		
	⑤ 주소지 전화번호		⑥ 휴대전화번호		
	⑦ 신고유형	분리과세	⑧ 신고구분	정기신고, 수정신고, 기한후신고	
❷ 환급금 계좌신고	⑨ 금융기관/체신관서명			계좌번호	
	성명		사업자등록번호		-

신고 구분	정기 신고, 수정 신고, 기한 후 신고 중 선택

III. 종합소득세-단순경비율 사업 등

1. 신고 대상

사업소득	단순경비율 적용 사업소득
근로소득	복수근로 소득자 또는 소득금액 100만 원 이상자
기타소득(종교인소득 포함)	기타소득금액 300만 원 초과자
연금소득	공적연금소득의 총연금액인 연 516만 원(연금소득금액 100만 원) 초과자 또는 사적연금소득의 총연금액인 연 1,200만 원 초과자 ▶2023년 귀속 사적연금소득의 총연금액인 연 1,200만 원 초과자는 전액(초과분 아님)에 대해 분리과세 16.5%와 종합과세 선택 가능

2. 계산 구조

	구분	단순경비율 적용 사업소득	근로소득	연금소득	기타소득
	종합소득금액	사업소득금액	근로소득금액	연금소득금액	기타소득금액
−	종합소득공제	인적공제, 연금보험료공제, 소기업소상공인 공제부금 등			
=	과세표준	−	−	−	−
×	기본세율	6%~45%	−	−	−
=	산출세액	−	−	−	−
−	세액감면·공제	자녀세액공제, 연금계좌세액공제, 기부금세액공제, 표준세액공제 등			
=	결정세액	−	−	−	−
+	가산세	−	−	−	−
=	총결정세액	−	−	−	−
−	기납부세액	−	−	−	−
=	납부할 세액	−	−	−	−

3. 신고서

종합소득세·농어촌특별세 과세표준 확정 신고
납부계산서(단순경비율사업·근로·연금·기타소득자용)

관리번호 -	(년 귀속) **종합소득세·농어촌특별세** **과세표준확정신고 및 납부계산서** (단순경비율사업·근로·연금·기타소득자용)		거주구분	거주자1 /비거주자2
			내·외국인	내국인1 /외국인9
			거주지국	거주지국코드

❶ 기본사항	① 성 명		② 주민등록번호	
	③ 주 소		④ 전자우편주소	
⑤ 주소지 전화번호		⑥ 주사업장 전화번호		⑦ 휴대전화번호
⑧ 신고유형	추계 - 단순율 비사업자	⑨ 기장의무	간편장부대상자 비사업자	⑩ 신고구분	정기신고, 수정신고, 기한후신고
❷ 환급금 계좌신고	⑪ 금융기관/체신관서명		⑫ 계좌번호	
❸ 종합소득세액의 계산				

기장 의무	간편장부대상자, 비사업자 중 선택
신고 유형	추계-단순율, 비사업자 중 선택
신고 구분	정기 신고, 수정 신고, 기한 후 신고 중 선택

Ⅳ. 종합소득세법 개정 사항

1. 종합소득세 세율

▼현행(2022.12.31.까지 적용)

과세표준	기본세율	누진공제액
1,200만 원 이하	6%	–
4,600만 원 이하	15%	108만 원
8,800만 원 이하	24%	522만 원
1.5억 원 이하	35%	1,490만 원
3억 원 이하	38%	1,940만 원
5억 원 이하	40%	2,540만 원
10억 원 이하	42%	3,540만 원
10억 원 초과	45%	6,540만 원

▼개정(2023.01.01.부터 시행)

과세표준	기본세율	누진공제액
1,400만 원 이하	6%	–
5,000만 원 이하	15%	126만 원
8,800만 원 이하	24%	576만 원
1.5억 원 이하	35%	1,544만 원
3억 원 이하	38%	1,994만 원
5억 원 이하	40%	2,594만 원
10억 원 이하	42%	3,594만 원
10억 원 초과	45%	6,594만 원

2. 연금계좌세액공제

▼현행(2022.12.31.까지 적용)

총급여액 (종합소득금액)	세액공제 대상 납입 한도(연금저축 납입 한도)		세액공제율
	50세 미만	50세 이상	
5,500만 원 이하 (4,000만 원)	700만 원 (400만 원)	900만 원 (600만 원)	15%
1.2억 원 이하 (1억 원)			12%
1.2억 원 초과 (1억 원)	700만 원 (300만 원)		

▼개정(2023.01.01.부터 시행)

총급여액 (종합소득금액)	세액공제 대상 납입 한도(연금저축 납입 한도)	세액공제율
5,500만 원 이하 (4,500만 원)	900만 원 (600만 원)	15%
5,500만 원 초과 (4,500만 원)		12%

3. 연금소득 과세 방법

▼현행(2022.12.31.까지 적용)

구분	연 1,200만원 이하	연 1,200만원 초과
세액공제 받은 원금과 운용 수익	3.3~5.5% 저율 분리과세 또는 종합과세	종합과세

▼개정(2023.01.01.부터 시행)

구분	연 1,200만원 이하	연 1,200만원 초과
세액공제 받은 원금과 운용 수익	3.3~5.5% 저율 분리과세 또는 종합과세	16.5% 분리과세 또는 종합과세

4. 주택임대소득 과세 대상

	월세	보증금
1주택	비과세(기준 시가 9억 원 초과, 국외 소재 주택은 과세) *2023년부터 기준 시가 12억 원 초과	간주임대료 과세 제외
2주택	과세	
3주택	과세	간주임대료 과세 $(보증금등 - 3억)의 적수 \times 60\% \times \dfrac{1}{365} \times 정기예금이자율$ (22년 이자율: 1.2%) *2023년부터 이자율 2.9% 소형 주택은 과세 제외 전용 면적 40㎡ 이하이면서 기준 시가 2억 이하

5. 사업소득 경비율 구분–업종별 수입금액 기준으로 판단

개정(2023.01.01.부터 시행)

대리운전 기사, 퀵서비스 배달원 등 영세 인적용역 사업자의 세금 부담을 완화하기 위해 단순경비율을 적용받는 인적용역 사업자의 수입금액 기준을 연 2,400만 원 미만에서 3,600만 원 미만으로 상향 조정함.

업종별	업종별 수입금액		
	직전 연도		신규사업자
	기준경비율 적용 대상자	단순경비율 적용 대상자	단순경비율 적용 대상자
농업·임업 및 어업, 광업, 도매 및 소매업(상품 중개업 제외), 부동산 매매업, 그밖에 아래에 해당하지 아니하는 사업	6천만 원 이상자	6천만 원 미만자	3억 원 미만자
제조업, 숙박 및 음식점업, 전기·가스·증기 및 공기 조절 공급업, 수도·하수·폐기물 처리·원료 재생업, 건설업(비주거용 건물 건설업은 제외), 부동산 개발 및 공급업(주거용 건물 개발 및 공급업에 한정), 운수업 및 창고업, 정보 통신업, 금융 및 보험업, 상품 중개업, 수리 및 기타 개인서비스업(「부가가치세법 시행령」 제42조제1호에 따른 인적용역만 해당한다)▶대리운전기사, 퀵서비스 배달원 등	3천 6백만 원 이상자	3천 6백만 원 미만자	1억 5천만 원 미만자
부동산 임대업, 부동산업(부동산 매매업 제외), 전문·과학 및 기술 서비스업, 사업 시설 관리·사업 지원 및 임대 서비스업, 교육 서비스업, 보건업 및 사회 복지 서비스업, 예술·스포츠 및 여가 관련 서비스업, 협회 및 단체, 수리 및 기타 개인 서비스업 (「부가가치세법 시행령」 제42조제1호에 따른 인적용역은 제외한다), 가구 내 고용 활동	2천 4백만 원 이상자	2천 4백만 원 미만자	7천 5백만 원 미만자

Foreign Copyright:
Joonwon Lee
Address: 3F, 127, Yanghwa-ro, Mapo-gu, Seoul, Republic of Korea
        3rd Floor
Telephone: 82-2-3142-4151, 82-10-4624-6629
E-mail: jwlee@cyber.co.kr

세금안내자 이조사관의
종합소득세 이야기

2023. 4. 26. 초 판 1쇄 인쇄
2023. 5. 3. 초 판 1쇄 발행

지은이 │ 이조사관
펴낸이 │ 최한숙
펴낸곳 │ BM 성안북스

주소 │ 04032 서울시 마포구 양화로 127 첨단빌딩 3층(출판기획 R&D 센터)
     │ 10881 경기도 파주시 문발로 112 파주 출판 문화도시(제작 및 물류)

전화 │ 02) 3142-0036
팩스 │ 031) 950-6378
팩스 │ 031) 955-0808
등록 │ 1978. 9. 18. 제406-1978-000001호
출판사 홈페이지 │ **www.cyber.co.kr**
이메일 문의 │ smkim@cyber.co.kr
ISBN │ 978-89-7067-433-9 (13320)
정가 │ 17,000원

이 책을 만든 사람들
책임 · 기획 · 진행 │ 김상민
편집 │ 김동환
그림 │ 전동렬
본문 · 표지 디자인 │ 양×호랭 DESIGN
홍보 │ 김계향, 유미나, 이준영, 정단비
국제부 │ 이선민, 조혜란
마케팅 │ 구본철, 차정욱, 오영일, 나진호, 강호묵
마케팅 지원 │ 장상범
제작 │ 김유석

■ **도서 A/S 안내**

성안당에서 발행하는 모든 도서는 저자와 출판사, 그리고 독자가 함께 만들어 나갑니다.
좋은 책을 펴내기 위해 많은 노력을 기울이고 있습니다. 혹시라도 내용상의 오류나 오탈자 등이
발견되면 "좋은 책은 나라의 보배"로서 우리 모두가 함께 만들어 간다는 마음으로 연락주시기
바랍니다. 수정 보완하여 더 나은 책이 되도록 최선을 다하겠습니다.
성안당은 늘 독자 여러분들의 소중한 의견을 기다리고 있습니다. 좋은 의견을 보내주시는 분께는
성안당 쇼핑몰의 포인트(3,000포인트)를 적립해 드립니다.
잘못 만들어진 책이나 부록 등이 파손된 경우에는 교환해 드립니다.